I Segreti del Social Media Marketing 2021

Aumenta il Business Online con Facebook; Strategie e Suggerimenti Efficacissimi

(Più Cura per i Pettagli e Più Clienti Fedeli)

Russ Norman

Introduzione alle basi del social media marketing

Il clamore di internet, i successi e la pressione dei media hanno dimostrato ai proprietari di marchi che nel mondo di oggi costruirsi una presenza sui social è essenziale. Un'azienda può eccellere senza una piattaforma social, certo, ma l'imprenditore perderebbe un'enorme opportunità di accelerare la crescita del marchio.

Tuttavia, un grande errore che ogni azienda può fare è quello di tuffarsi nel social media marketing senza una strategia adeguata, pensando che limitarsi a caricare contenuti su piattaforme come Facebook sarà sufficiente al raggiungimento del successo.

Anche se c'è sempre la possibilità di fare il botto, la maggior parte dei marchi fautori della tendenza del "proviamo e speriamo" di solito ottengono risultati poco brillanti e perdono tempo a fissare obiettivi irraggiungibili. Tutto ciò crea una mentalità disfattista che probabilmente in futuro scoraggerà l'esplorazione di tutte le possibilità del social media marketing.

Per un'alta possibilità di successo, è essenziale usare strategie e consigli del social media marketing illustrati in questo libro. Alla fine dell'ultimo capitolo avrai una conoscenza approfondita del miglior approccio al social media marketing per il TUO business, e saprai come mettere in pratica la tua strategia in modo efficiente.

IL TUO REGALO

Vorremmo farti un regalo per ringraziarti di aver acquistato questo libro. Puoi scegliere tra uno qualsiasi degli altri nostri titoli pubblicati.

Puoi avere accesso immediato a uno dei nostri libri cliccando il link qui sotto e iscrivendoti alla nostra mailing list

https://campsite.bio/digitalmarketing

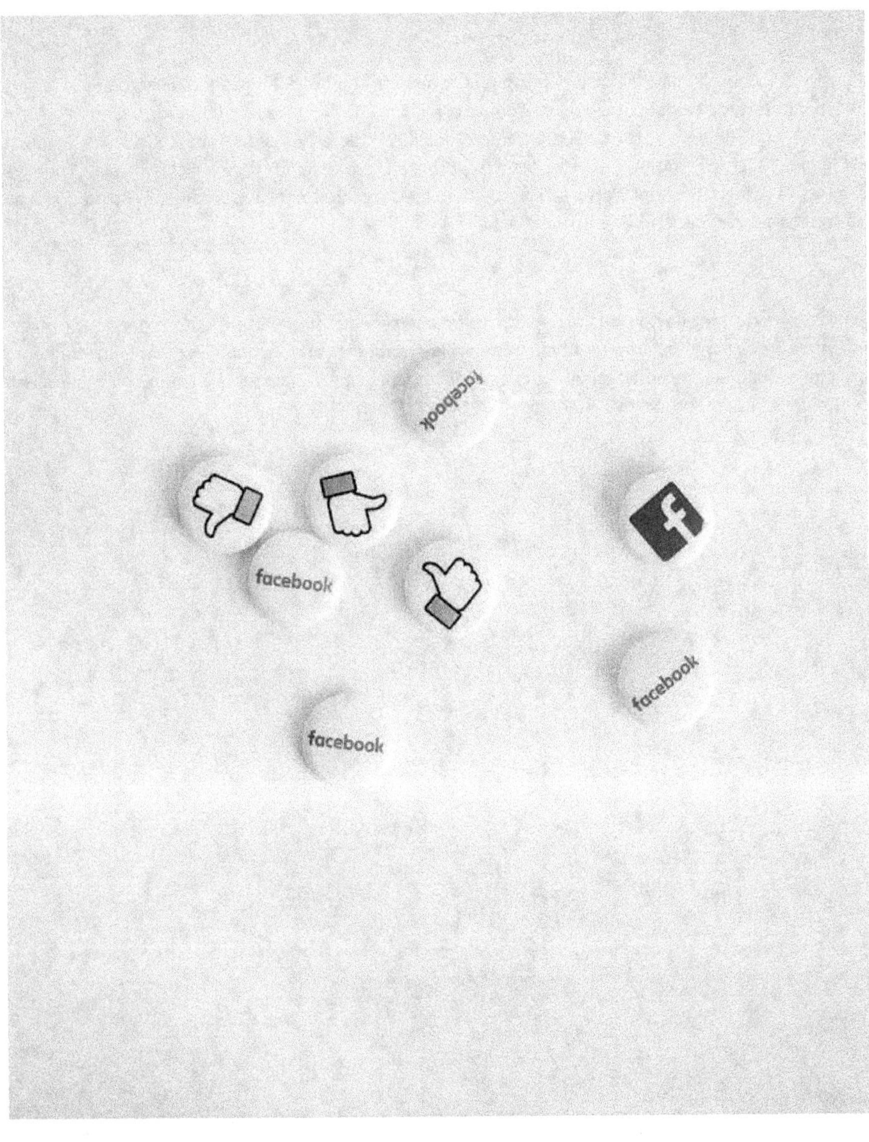

facebook
facebook
facebook
facebook

Indice

Capitolo 1: scegliere la piattaforma social migliore per il marchio

A meno che tu non gestisca un'organizzazione provvista del capitale necessario a lanciare campagne su ogni singola piattaforma social potenzialmente utile, è più saggio concentrare gli sforzi prima su una o due.

È più vantaggioso essere abili su due o tre piattaforme che su dieci. Si potrebbe obiettare che il software di social media marketing è gratuito, ma la tua agenda quotidiana è un bene prezioso, e come tale dovrebbe essere trattata.

Inoltre, non tutte le piattaforme social si adattano al tuo modello di business, al tuo pubblico o ai tuoi obiettivi. Per facilitare il lancio, scopri quali sono quelle più usate dal tuo target demografico o conduci una ricerca sui clienti per identificare la piattaforma potenzialmente più efficace per promuovere il marchio.

Solitamente è Facebook la prima scelta delle aziende, grazie alle dimensioni e portata enormi che può vantare, ma anche piattaforme "di nicchia" possiedono qualità distintive – e milioni di utenti di pubblico potenziale, come LinkedIn, Instagram o Pinterest. Ognuna di queste piattaforme potrebbe essere il luogo in cui ottenere l'impatto massimo.

Tuttavia, per iniziare il processo, iscriviti alla piattaforma di tua scelta, investi del tempo significativo nella ricerca dell'approccio corretto alla tua strategia di social media marketing e tieni traccia del tuo percorso. A seconda del successo iniziale, puoi migliorare la crescita o provare altre reti, senza rimanere fermo solo su Facebook.

Capitolo 2: come dare il via al marketing su Facebook

Facebook ha il più alto numero di visitatori di qualsiasi rete social, e il suo miliardo e rotti di utenti garantisce la presenza del tuo target demografico. C'è una ragione se è il re dei social.

In passato Facebook si è rivelato una miniera d'oro per le imprese desiderose di attirare seguito e traffico web massicci, ma negli ultimi anni questo potenziale è scemato a causa di una concorrenza più serrata, dell'introduzione della pubblicità a pagamento e degli sforzi della società stessa di trovare un equilibrio tra contenuti personali e branded.

Nel 2018 Facebook ha lanciato un enorme aggiornamento al suo News Feed, a indicare che la priorità sarebbe stata data ai contenuti personali di amici e familiari rispetto ai post aziendali. Attualmente l'algoritmo del sito promuove contenuti che migliorano l'interazione reale in modo impattante.

Non è una gran sorpresa, dal momento che la piattaforma è utilizzata principalmente come sistema per connettersi con amici e parenti stretti e relativi post. Ma gli utenti vogliono anche essere intrattenuti e avere accesso a persone con interessi simili – ed ecco dove entra in scena il tuo marchio.

Anche se su Facebook il marketing è più complesso di prima, la piattaforma avrà ancora un ruolo importante nel tuo approccio al social media marketing. Con l'atteggiamento giusto, c'è ancora tempo per realizzare i propri obiettivi di business e connettersi con i potenziali clienti. Questo libro ti insegnerà a costruire e promuovere il tuo marchio sul più grande social network di tutti i tempi, accumulando così un seguito fedele sulla piattaforma.

L'importanza della pagina Facebook aziendale

Le pagine Facebook sono più della mera dimora di post e aggiornamenti di stato. Dal momento che i tuoi contenuti potrebbero non ottenere il dovuto riconoscimento nel News Feed dei clienti, Facebook si assicura che la pagina aziendale fornisca un valore effettivo ai visitatori. La pagina aziendale è ormai una destinazione dove i visitatori possono accedere a tutte le informazioni rilevanti sul marchio, compresi orari di lavoro, sistemi di prenotazione, acquisto degli articoli, invio di recensioni e feedback, così come alimentare i contenuti allineati ai loro interessi.

Gli esperti di social media marketing devono trattare una pagina Facebook proprio come farebbero con un'app di recensioni come Yelp o TripAdvisor. Rendere disponibili le informazioni più semplici, come l'offerta dell'azienda, gli orari, le informazioni di prenotazione e di contatto, è fondamentale e farlo può aumentare la tua visibilità. Prima di iniziare, concediti tutto il tempo che ci vuole per impostare correttamente la presenza del marchio e inserisci nella pagina importanti dettagli che facciano colpo sui visitatori.

Differenza tra pagina Facebook e profilo personale

Con l'iscrizione alla piattaforma si ha accesso a una timeline personale. Si chiama "Il mio profilo" ed è ideato per individui, non per marchi. Per massimizzare il potenziale di marketing su Facebook, è fondamentale creare una pagina indipendente.

Le pagine Facebook sono simili ai profili personali ma dotate di strumenti speciali come analisi, strumenti pubblicitari e funzioni personalizzate che ospitano le informazioni dell'azienda. Non hai bisogno di altri account né di dettagli di accesso distinti per crearne una.

Se al momento usi l'account personale a scopi commerciali, è probabile che Facebook lo chiuda in modo permanente. Nel caso, previeni il problema informando sull'account personale il tuo pubblico del trasferimento dell'attività su una pagina standard. Incoraggia pubblico e clienti a mettere "Mi piace" alla pagina per ricevere aggiornamenti su prodotti e servizi.

Puoi creare una pagina Facebook semplicemente cliccando su (https://www.facebook.com/pages/create) o cercando "Crea una pagina" nella barra di ricerca.

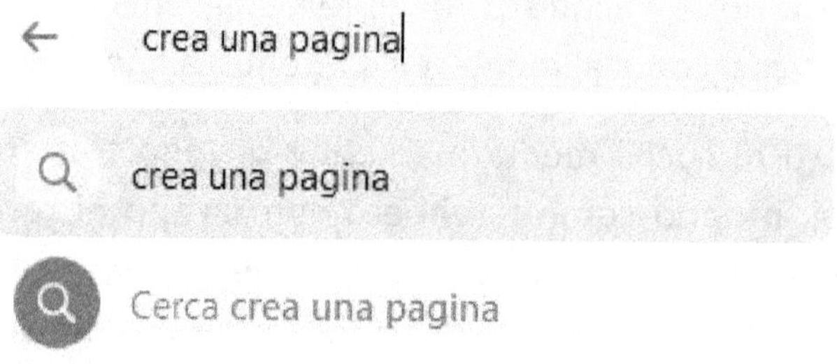

Puoi anche condividere il link apposito sulla tua timeline personale, e incoraggiare amici e familiari a mettere "Mi piace" alla pagina in modo da poter iniziare a ricostruire la tua base di fan.

Non appena guadagnato slancio, chiudi la pagina originale. Puoi usare il tuo account personale a scopi non commerciali.

Dare il nome alla pagina Facebook

Se possibile, assicurati che il nome scelto sia breve e succinto. Ti tornerà utile quando creerai su Facebook gli annunci, che consentono solo venticinque caratteri per l'intestazione (di solito il nome della pagina). Per modificare la pagina, clicca su Pagine > Modifica le informazioni della Pagina > Inserisci il nuovo nome della Pagina. Modifica pure il nome, ma senza cambiare il nome utente né l'URL della pagina (ne parleremo in seguito).

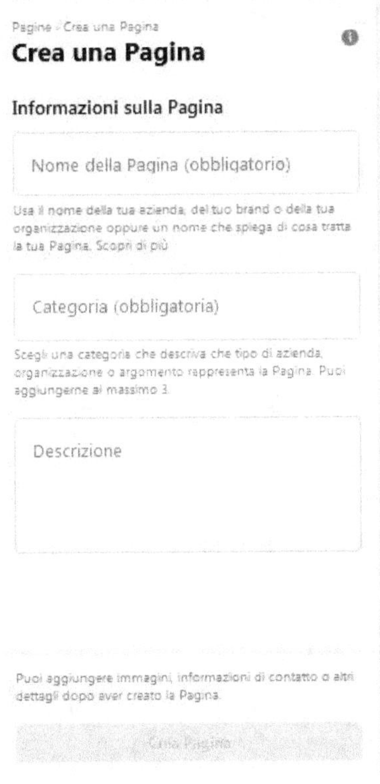

Configurazione di nome utente e indirizzo web personalizzati per la pagina Facebook

All'ottenimento di venticinque like, sulla pagina aziendale scatta la possibilità di creare un URL e un nome utente personalizzato, su misura per il tuo marchio; per esempio:

@youarereadingthis / www.facebook.com/youarereadingthis.

Puoi crescere fino ai famigerati venticinque like invitando parenti, amici e contatti e-mail e iniziando a coltivare un gruppo di individui che abbia a cuore la tua attività – e che mettano "mi piace" alla pagina.

Basta cliccare su Crea una pagina per creare un nome utente personalizzato. Inserisci il tuo nome utente preferito, controlla la disponibilità e clicca Crea. Il nuovo nome utente apparirà automaticamente sotto a quello della pagina, nell'URL e nei risultati

di ricerca, permettendo così a tutti di identificare facilmente la pagina.

La rilevanza dei dettagli di business

Assicurati di avere sulla pagina Facebook quanti più dati possibili relativi al marchio. Dettagli come l'indirizzo, le informazioni di contatto, le caratteristiche del prodotto, la storia del marchio, l'URL del sito web e username dei social media devono essere inclusi nella sezione informativa della pagina.

Lo sforzo fatto per compilare le sezioni appropriate con informazioni fondamentali può avere un ruolo cruciale nell'attrarre clienti e promuovere la pagina nei motori di ricerca, dato che Google indicizza le pagine Facebook.

Gestisci una rosticceria o un parco acquatico? Elenca gli alimenti in vendita e includi un menù in formato PDF che i clienti possano sfogliare. In alternativa, americani e canadesi possono usare lo strumento SinglePlatform per presentare i menù.

Nel 2016 Facebook ha implementato un modo per ottimizzare meglio le pagine in base all'ambito di riferimento, fornendo modelli preimpostati. Questi modelli aiutano in una rapida configurazione volta a svariati settori, come servizi professionali, automazione, ristorazione, logistica e altro. Esistono diversi modelli per ogni settore.

Se vuoi cambiare l'aspetto della pagina Facebook per abbinarci i tuoi servizi aziendali, puoi configurarla sotto Impostazioni > Modifica pagina > Modelli. Un altro vantaggio della corretta impostazione della pagina è Facebook Professional Services, raggiungibile qui (www.facebook.com/services/).

Facebook Professional Services è la risposta della piattaforma a servizi sociali come Yelp, dove puoi trovare e fare la tua due diligence sulle PMI.

All'utilizzo del servizio da parte dei clienti, i risultati di ricerca forniranno un link alla pagina Facebook specifica, completa di tutti i rilevanti dettagli relativi all'azienda. Ecco perché l'aggiunta di dettagli aziendali alla pagina è fondamentale per crescere su Facebook. È assolutamente nel tuo interesse aggiungere tutti i dettagli necessari, come orari, informazioni di contatto, valutazioni e recensioni, e assicurarti che siano sempre aggiornati.

La verifica con un segno di spunta

A seconda della categoria della pagina – organizzazione, azienda o attività locale – potresti risultare idoneo alla verifica di Facebook, che è simile ai segni di spunta assegnati ai personaggi pubblici. Le pagine già verificate possiedono un rango più alto nei risultati di ricerca, e dimostrano che la pagina costituisce il profilo Facebook ufficiale del tuo marchio. Puoi controllare lo stato di verifica della pagina scorrendo il menù generale > Impostazioni pagina > Verifica pagina.

Ti verrà chiesto di fornire un numero di business o un documento ufficiale (licenza commerciale, fattura fiscale, ecc.), a conferma che sei un rappresentante della società.

Foto di copertina e pulsanti CTA (Call To Action)

Puoi promuovere il messaggio del marchio con la foto di copertina della pagina. Tutto ciò di cui hai bisogno è un'immagine di qualità. La migliore risoluzione da utilizzare su Facebook è 820 x 312 pixel. Qualsiasi altro valore darà un'immagine sfocata o compressa. Le foto di copertina appaiono però su smartphone con una risoluzione di 640 x 360. Sì, c'è un po' di confusione. Vuol dire che Facebook mostra le foto di copertina sui dispositivi mobili e sui desktop con risoluzioni diverse.

Se non vuoi che il testo della foto di copertina venga tagliato o oscurato, ti suggeriamo di sistemarlo al centro della foto, lasciando un buffer invisibile di 134 pixel su entrambi i lati dell'immagine. In teoria il testo dovrebbe coprire i restanti 560 pixel.

La foto di copertina dovrebbe mostrare la tua personalità, i tuoi servizi, i diversi prodotti o un'apposita dimostrazione, oppure essere una foto inviata da un cliente. L'uso di contenuti generati dagli utenti farà impazzire i fan: a quel punto potrai contare sul fatto che diffondano il vangelo del tuo marchio. Resta sempre in auge cambiando costantemente l'immagine del profilo e la foto di copertina. Puoi farlo una volta al mese, anche se la maggior parte dei marchi preferisce un cambiamento stagionale.

Puoi aggiungere una descrizione testuale alla foto di copertina cliccando sulla stessa dopo averla caricata. Ti consigliamo di aggiungere un trafiletto breve e accattivante, una call to action e link pertinenti alla pagina del prodotto, al sito web o alla pagina promozionale, o di includere magari un codice sconto per premiare i visitatori che cliccano. È normalissimo che i visitatori esaminino bene la foto di copertina.

Il testo descrittivo è un modo solido di catturare l'attenzione e incoraggiare i visitatori ad agire. Puoi attirare più clic mettendo sulla foto di copertina un "pulsante" con una CTA (call to action), come "Una sessione spa gratuita alla prossima prenotazione – clicca subito! Per attirare invece l'attenzione dei visitatori poco interessati alla foto, promuovi i "Mi piace" alla pagina attraverso l'offerta di newsletter giornaliere, codici coupon occasionali, ecc.

Ogni volta che un utente di Facebook clicca sul pulsante "Mi piace" della pagina, sul News Feed della ristretta cerchia dell'utente compariranno la tua foto di copertina e la foto del profilo. Rendi quindi la pagina visivamente allettante indipendentemente dalle dimensioni.

Nel 2016 Facebook ha aggiornato i regolamenti sulle foto di copertina. Il comunicato stampa diceva: *«Le copertine non possono essere ingannevoli, fuorvianti o violare il copyright altrui. Non è possibile incoraggiare le persone a caricare la copertina sulle loro timeline personali»*.

È arcinoto che la piattaforma cancella foto di copertina non adeguate alle linee guida, quindi è cruciale aderire alle regole per evitare inutili restrizioni. A un certo punto Facebook aveva informato i proprietari di pagine che il testo delle foto di copertina non deve coprire più del venti per cento dello spazio totale. Dato che questa regola è ormai

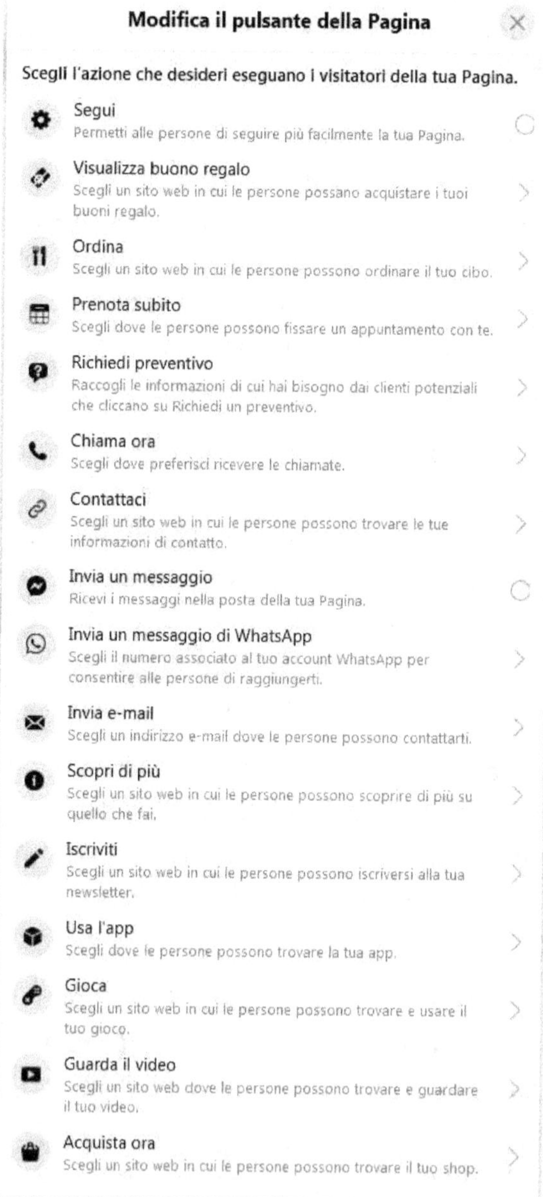

stata accantonata, ora puoi tranquillamente aggiungere le tue informazioni di contatto, i dettagli dei prezzi e le informazioni sugli acquisti all'immagine.

Di certo una buona notizia per i venditori sui social, ma fa' attenzione. Un sovraccarico di testo può rendere caotica la foto. Ti consigliamo un po' di moderazione, perché accattivarsi l'attenzione del pubblico attraverso la foto di copertina praticamente non ha eguali.

Inclusione di link, promozioni e CTA (call to action) nel design della foto di copertina

Facebook ha lanciato nel 2014 i CTA (call to action) cliccabili che i proprietari di pagine possono aggiungere alle foto di copertina, come *Usa app*, *Contattaci* e *Prenota ora*. I pulsanti sono stati progettati per promuovere gli obiettivi aziendali come manifesto della tua stessa presenza su Facebook. I pulsanti CTA (call to action) possono essere collegati a qualsiasi indirizzo interno ed esterno alla piattaforma.

Nel 2016 sono state apportate aggiunte ai pulsanti CTA (call to action), come "Richiedi un orario", "Richiedi un preventivo" e molte altre. Quando un utente interagisce con la tua pagina, a qualsiasi titolo lo faccia (prenotazione di un appuntamento, per es.), Facebook Messenger crea automaticamente un thread tra la tua Pagina e l'utente, in modo che quest'ultimo possa prenotare e finalizzare l'appuntamento.

Utilizzo di una foto profilo adattabile

Anche se è la foto di copertina a occupare più spazio sulla pagina, quella del profilo ha un'influenza maggiore perché appare in tutta la piattaforma, nel News Feed, nella sezione dei commenti, accanto ai post sulla tua timeline personale e accanto alla foto di copertina. La dimensione consigliata per la foto del profilo è di 180 x 180 pixel, tuttavia sui dispositivi mobili appare a 128 x 128 pixel e sui desktop a 170 x 170. Nella sezione dei commenti si riduce a 43 x 43 pixel.

È indubbio che debba essere riconoscibile indipendentemente dalle dimensioni. La foto profilo ha forme diverse all'interno della piattaforma: quadrata sulla pagina, circolare sui post, sugli annunci e nell'app di Messenger. Immagina come apparirà in forma circolare, e usa un design che funzioni bene per entrambe le forme.

Utilizzando il design scelto, carica un'immagine che si integri perfettamente con quello della foto di copertina e viceversa. Sperimenta senza remore col profilo e la foto di copertina usando l'intera gamma di colori disponibile, ma dai la priorità alla riconoscibilità del logo del marchio.

Proprio come la foto di copertina, anche qui puoi modificare la descrizione del testo per includere informazioni rilevanti e link a sconti o al sito web per premiare gli utenti che ci cliccano sopra.

Inclusione nella pagina di tab relative

I proprietari delle pagine possono aggiungere e posizionare diverse tab a seconda del tipo di attività e dei servizi forniti. Queste tab sono un ottimo modo per promuovere servizi, offerte, lancio di prodotti, eventi, ecc. a un pubblico più ampio. Di seguito menzioniamo quelle più popolari. Puoi includerne nella pagina una qualsiasi scorrendo su

Modifica impostazioni della Pagina > Modifica la tua Pagina > Modelli e tab.

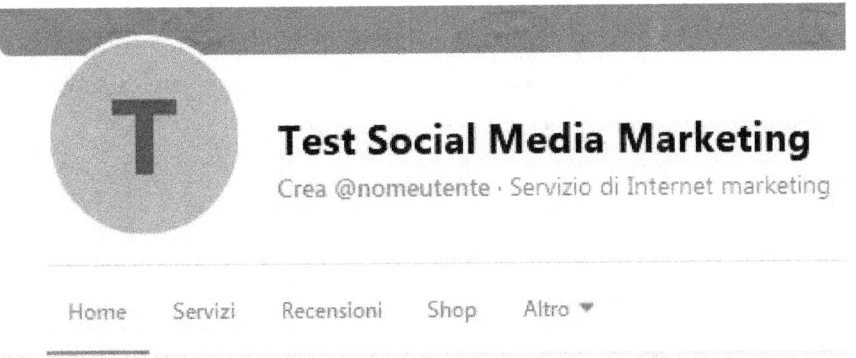

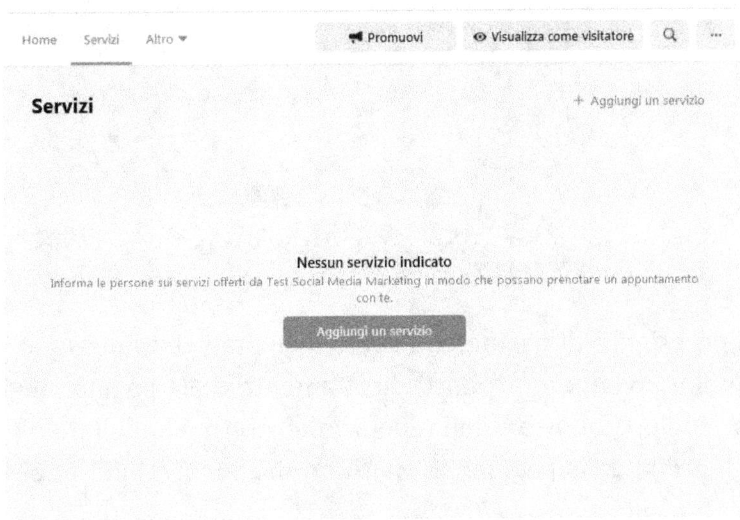

Tab Servizi

Usa la tab Servizi per mostrare i tuoi prodotti e servizi, oltre a fornire ai potenziali clienti un percorso facile per acquistarli. Quando crei una tab Servizi, devi fornire informazioni come il nome del servizio, il prezzo, la durata dell'offerta e la foto del prodotto. Quando i clienti inviano richieste tramite la tab Servizi, tu ricevi una notifica su Facebook Messenger, dove potrai rispondere e negoziare.

Tab shop

La tab Shop è usata per elencare i prodotti disponibili sul "marketplace" di Facebook. I clienti possono sfogliare il tuo stock e acquistare prodotti o servizi attraverso Facebook o il tuo sito web. Anche se tutte le Pagine hanno accesso alla tab Shop, esistono caratteristiche diverse a seconda della tua posizione.

Ogni pagina può:

- mostrare lo stock di prodotti, aggiungere prodotti e informazioni rilevanti;

- accedere ai tassi di coinvolgimento, come il numero di clic e di visualizzazioni degli annunci.

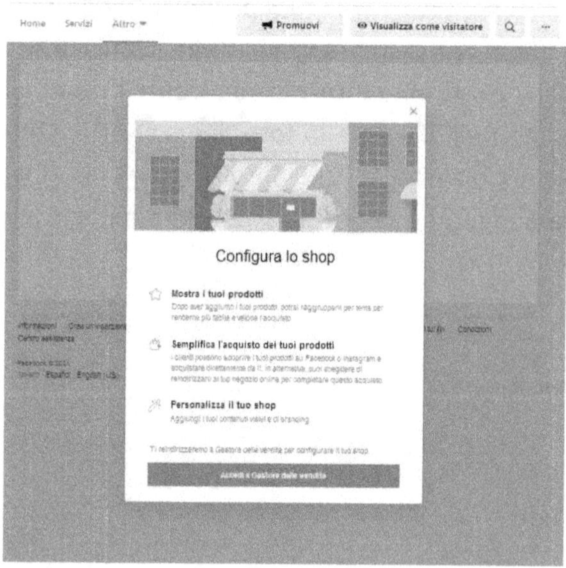

I proprietari di pagine con sede negli Stati Uniti possono gestire gli ordini e vendere prodotti direttamente dalla pagina, aggiornare lo stato del prodotto e della spedizione, nonché annullare o rimborsare gli ordini dalla pagina. Se vivi fuori dagli Stati Uniti, puoi fornire un link ad altre piattaforme dove i tuoi clienti possono acquistare l'articolo.

A livello ideale, i tuoi prodotti dovrebbero apparire nel marketplace di Facebook quando aggiungi uno shop per aumentare la visibilità.

All'aggiunta di un nuovo articolo al negozio, la mossa intelligente sarebbe condividerlo nella tua timeline per promuoverlo. Puoi anche taggare i clienti tramite la funzione "Tagga prodotto", al di sotto della casella Aggiornamento di stato. Per rendere unici i tuoi prodotti, includi il contesto nei post. Contesto significa dire se il prodotto è in vendita, in edizione limitata o nuovo.

Dopo aver incluso una sezione Shop alla pagina, prova a creare una raccolta per diverse categorie di prodotti. In questo modo puoi suddividere i prodotti in appropriate categorie, rendendo più semplice per gli acquirenti identificare ciò che si vuole acquistare. Per creare una raccolta:

- clicca su Shop;

- clicca su Aggiungi raccolta e scegli Modifica;

- da Strumenti di pubblicazione, clicca su +Aggiungi raccolta;

- scrivi il nome della raccolta. Puoi scegliere di includerla in primo piano, nella parte superiore del pulsante Shop. Puoi aggiungere qualsiasi numero di prodotti anche se Facebook limita il numero di prodotti visibili sulla pagina a dieci;

- puoi accelerare il processo spuntando la casella di controllo accanto a ciascun prodotto da includere nella raccolta, poi Salva.

Tab Eventi

La tab Eventi viene utilizzata per promuovere gli eventi imminenti organizzati dal tuo marchio. Dopo aver creato l'evento puoi pubblicarlo come post sulla tua pagina, facendolo così apparire anche nella tab Eventi. Gli utenti possono quindi manifestare interesse registrandosi per l'occasione.

La tab Eventi fa da forum di discussione sull'evento prima, durante e dopo la sua conclusione. Lì puoi interagire con i visitatori, i partecipanti e i clienti.

Promozione del marchio sulla pagina con tab personalizzate

Le tab personalizzate sono sottomenù disponibili su ogni pagina Facebook in un formato a colonna, e si trovano sul lato sinistro dello schermo. Sono utili per ospitare concorsi o per far iscrivere i clienti a e-mail promozionali. Quando usi la barra di ricerca di Facebook per trovare un'applicazione di settore come "giveway app", è probabile che vedrai una lista di suggerimenti di brevissima installazione.

Puoi anche usare le tab personalizzate in questione per promuovere altre piattaforme social come Twitter, Instagram, Pinterest e YouTube. È possibile idearle con un design specifico utilizzando l'applicazione Static HTML iframe. È gratuita, e si trova attraverso la barra di ricerca di Facebook.

Se hai difficoltà con la codifica della configurazione, per creare tab personalizzate tenta opzioni alternative come Shortstack e KontestApp.

Assicurati che il sito abbia pulsanti di condivisione e plug-in alla pagina

Su https://developers.facebook.com/docs/plugins/page-plugin verifica i plug-in gratuiti disponibili per Facebook. Dopo l'installazione, spunta le opzioni per Data Show Posts e Show Friend's Faces. Quando i visitatori controllano il tuo sito web, vedranno le foto del profilo degli amici che hanno anche visitato la tua pagina. Inoltre potranno accedere ai tuoi post recenti su Facebook.

La maggior parte dei plug-in della pagina di Facebook si trova nella barra laterale, ma alcuni marchi hanno ricavato benefici da uno spostamento sotto ai post del blog. In questo caso il plug-in fa da pulsante CTA, per esempio: "Vuoi saperne di più sul nostro marchio? Clicca su "Mi piace" per unirti alla community Facebook".

Oltre al plug-in della pagina Facebook, puoi inserire i pulsanti "Mi piace" e "Condividi" in diversi punti del sito web. Questa strategia incoraggia i visitatori a condividere la loro passione per il tuo marchio con la loro cerchia online – passione che possono anche scegliere come manifestare.

Cliccando il pulsante Mi piace si pubblica un link su Facebook, mentre Condividi include l'opzione di aggiungere un messaggio al link. È possibile avere questi pulsanti gratuitamente attraverso una ricerca su Google o qui: https://developers.facebook.com/docs/plugins/like-button/.

Puoi controllare tutte le risorse del marchio ufficiale Facebook per l'uso online e offline qui: www.facebookbrand.com/

Metti a punto l'app Messenger e la pagina Facebook per il supporto clienti

Se la pagina Facebook è attiva, i clienti si aspettano di poterti raggiungere lì per richieste, reclami e altre esigenze e domande. Le richieste possono essere inviate con Messenger, tramite messaggio diretto, o sulla tua pagina.

I clienti generalmente preferiscono le chat dal vivo, perché così i problemi si risolvono più velocemente. Puoi impostare la sezione Messaggi sotto alle impostazioni della pagina Facebook. Chiunque può avviare una conversazione con te su Messenger semplicemente cliccando sul pulsante "Messaggio" sulla tua pagina.

Un altro vantaggio associato all'uso di Messenger per l'assistenza clienti è l'ampliamento di portata che si raggiunge attraverso gli annunci su Messenger, poiché nelle chat ti ritroverai con una lista completa di potenziali clienti cui mirare.

La funzione di casella di posta unificata su Facebook ti permette di gestire tutte le chat su Facebook e Instagram.

Utilizzo dell'app Messenger per connettersi con i clienti

Le pagine Facebook hanno un nome utente personalizzabile (per esempio **@AwesomeShirtSales**) che rende più facile per i clienti, potenziali o abituali che siano, identificare e contattare il marchio. Il nome utente si trova al di sotto del titolo della pagina. Se hai già una vanity URL, fa' sì che sia uguale al tuo nome utente.

I clienti possono avviare un contatto diretto con il tuo marchio anche usando i codici e i link di Messenger. I collegamenti Messenger creano un link con il tuo nome utente (per esempio **m.me/AwesomeShirtSales**) che porterà direttamente a una casella di chat con il tuo marchio in Messenger.

Lo stesso vale per i Messenger Code. Sono codici QR che i clienti possono scansionare con la fotocamera dello smartphone per avviare una conversazione con l'azienda. Puoi utilizzare i codici e i link sul tuo sito web o su canali di marketing alternativi per incoraggiare la comunicazione con l'azienda. Puoi scaricare le immagini dei Messenger Code sulla casella di posta della tua pagina.

Consolidamento del servizio clienti con le funzioni Saluti, Risposte istantanee e Risposte salvate

I saluti Messenger sono testi di benvenuto che appaiono a un cliente all'avvio di una conversazione con il marchio. Puoi personalizzarli come vuoi, e informare le persone su cosa aspettarsi quando lasciano un messaggio. Crea e modifica un saluto in Impostazioni e stila una lista di FAQ per agevolare il processo di richiesta di informazioni.

Le risposte istantanee sono un messaggio unico, generato automaticamente e inviato a un cliente quando ti contatta, per esempio "Grazie per averci contattato", "Di solito rispondiamo in meno di trenta minuti", "Controlla la nostra lista di FAQ qui mentre aspetti una risposta". Nota che le risposte istantanee non funzionano se lo stato del tuo messaggio è impostato su "Non disponibile". Puoi attivarlo o disattivarlo solo per dodici ore.

Se ricevi spesso le stesse di domande, usa la funzione Risposte salvate per creare risposte rapide. Puoi creare e scegliere una Risposta salvata così:

- clicca su Risposte automatiche nella colonna di sinistra sotto a Posta;

- crea nuova risposta;

- crea un titolo;

- includi testo e immagini;

- aggiungi contenuti personalizzati, come il nome del destinatario.

Le Risposte salvate sono un ottimo modo di mantenere un alto tasso di risposta sulla pagina e impressionare i clienti, sempre desiderosi di ricevere risposte veloci.

Ogni volta che sei offline, imposta appositamente lo stato dei messaggi per informare i clienti che risponderai quando sarai online. Così manterrai alto il tasso di risposta e creerai un buon precedente con i clienti.

Puoi servire i clienti in modo efficiente anche assegnandogli etichette personalizzate, come "alta priorità", "cliente abituale", ecc. Nell'applicazione Messenger, clicca sul nome del cliente per accedere al suo profilo e alle sue precedenti interazioni con il marchio. Queste informazioni ti aiuteranno a personalizzare i messaggi. Puoi anche controllare il feedback dei clienti per migliorare il servizio di assistenza. Clicca su Impostazioni pagina, Messenger. Qui puoi accedere a tutti i feedback dei clienti.

Sperimenta con i chatbot di Facebook Messenger

Oltre ai messaggi manuali, sono stati i chatbot a cambiare il panorama della messaggistica. I chatbot ti danno la possibilità di aumentare il numero di clienti con cui conversare, ampliando così il tuo raggio d'azione e concludendo più vendite attraverso l'automazione. Software come Odus e ZoConvert permettono di costruire solidi chatbot per Facebook Messenger.

I chatbot possono migliorare la tua esperienza su Facebook Messenger in diversi modi.

Contenuto della trasmissione

I clienti trovano più difficile ignorare le notifiche via chat rispetto a quelle via e-mail. I chatbot possono aiutarti a dispensare contenuti direttamente nella casella di posta Messenger dei clienti.

Contenuti rilevanti per il pubblico

I chatbot di Facebook Messenger possono essere utilizzati per promuovere la tua strategia di content marketing. Offrono un sottile approccio basato su annunci personalizzati ai clienti target.

Interazione con i partecipanti all'evento

Fornisci informazioni agli ospiti prima (promemoria dell'evento), durante (lista dei punti discussi) e dopo (feedback del pubblico) l'evento per tenerli aggiornati.

Avvio di conversazioni sul marchio attraverso gli annunci di Facebook

Puoi costruire conversazioni sul marchio con gli annunci di Facebook. Gli annunci su Facebook sono divisi in due categorie:

annunci Click-to-Messenger, che fungono da imbuto dal News Feed alla casella di posta di Messenger;

messaggi sponsorizzati: un modo efficace di inviare messaggi a qualsiasi cliente che abbia mai interagito con la tua pagina Facebook.

Gli annunci di Facebook Messenger ti aiutano a interagire con potenziali clienti, persone che hanno visionato il prodotto ma senza comprare e altre che hanno posto domande tramite Facebook Messenger. Per esempio, i messaggi sponsorizzati possono essere utilizzati per inviare offerte promozionali e contenuti interessanti, mentre i Click-To-Messenger possono essere utilizzati per coinvolgere attraverso le domande.

Sviluppo di un imbuto di vendita

Usa gli annunci Click-to-Messenger per attirare il tuo pubblico di riferimento. Quando un utente Facebook clicca sull'annuncio, verrà reindirizzato a una conversazione con un chatbot del tuo account.

Connessione privata col pubblico

È risaputo che il News Feed di Facebook è pieno di contenuti promozionali. Messenger è un ottimo modo di prendere le distanze da qualsiasi contenuto generico. I clienti noteranno il tuo annuncio sulla loro app Messenger, dove è più facile interagire rispetto agli annunci postati sulla timeline. Quando cliccano sull'annuncio, il link li indirizzerà a una conversazione su Messenger o al tuo sito web/pagina del prodotto.

Capitolo 3: definisci e analizza i tuoi obiettivi di marketing

Prima di caricare gli aggiornamenti di stato sui social, è utile impostare temi specifici e obiettivi generali della tua strategia di marketing. Definire gli obiettivi ti aiuterà a progettare il tuo approccio ai social media, presumibilmente la pietra miliare del tuo marketing. Si raccomanda di usare la tecnica SMART nella progettazione degli obiettivi pratici.

Ecco il significato dell'acronimo SMART:

specifico *(specific)*: sii specifico sui tuoi obiettivi; vuoi promuovere la consapevolezza del marchio? triplicare le vendite? migliorare l'assistenza clienti? fidelizzare? – Mettine un numero realizzabile;

misurabile *(measurable)*: secondo quali unità di misura vuoi quantificare gli obiettivi, quale software di analisi userai per misurare la tua crescita?

raggiungibile *(achievable)*: hai fissato obiettivi realistici? All'implementazione della strategia di social media, sii modesto nelle aspettative per evitare di perdere colpi se non raggiungi l'obiettivo previsto. Ci vuole tempo (soprattutto se è il primo tentativo serio di social media marketing) per diventare abile;

realistico *(realistic)*: gli obiettivi sono in linea con la missione, i valori e la visione del marchio?

a scadenza *(time)*: quanto tempo ci vuole per raggiungere i risultati? Per rimanere in pista con la strategia di marketing, punta a raggiungere un obiettivo alla volta. Per esempio "Voglio aumentare le vendite di sconti del quaranta per cento nei prossimi mesi".

Magari vendi abiti usati, di solito quaranta set a settimana: perché con l'aiuto dei social non cerchi di aumentare il numero fino ad arrivare a sessantacinque? Dopo un periodo specifico (almeno tre mesi), valuta i progressi fatti tramite strumenti di analisi, numeri di coinvolgimento e altri criteri per analizzare la tua attività sui social media.

Utilizzo del sondaggio tra clienti per creare la strategia di marketing su Facebook

Condurre un sondaggio tra i clienti è un modo efficace di farsi un'idea su come modellare la strategia di social media per coinvolgere i clienti. Il sondaggio può determinare il tipo di contenuto da condividere con il pubblico per ottenerne il coinvolgimento. Usalo per identificare a fondo bisogni, interessi e gusti dei clienti sui social media.

Poni domande come: quali problemi posso risolvere, a quali domande posso rispondere, quali sono gli argomenti che generano più coinvolgimento, quale formato di visualizzazione del contenuto (testo, video, immagine) preferisce il mio pubblico e a quali ore il pubblico segue di più i miei post?

Strumenti di analisi come TrueSocial Metrics e SEM Rush sono popolari software a pagamento che mettono a nudo tutte le informazioni rilevanti, ma non c'è bisogno di spendere per avere una visione d'insieme di ciò che è necessario fare. E allora come faccio, ti chiederai... lascia che tutto il lavoro lo faccia la concorrenza.

Il primo passo è identificare i concorrenti. Se non li conosci già, una rapida ricerca su Google ti svelerà i tuoi concorrenti più vicini in base alla posizione o ad altri filtri. Puoi anche visitare le pagine social e il sito web della concorrenza, dare un'occhiata in giro....

Controlla la frequenza con cui i concorrenti pubblicano articoli e post sui social (quotidianamente, settimanalmente o ogni due settimane?) e quali post generano più coinvolgimento. Puoi facilmente identificare i livelli di coinvolgimento tramite il numero di condivisioni, i like e i commenti.

È possibile comprendere più a fondo la strategia dei concorrenti individuando i post originali rispetto ai contenuti condivisi da terzi, e il tono e gli argomenti trattati. Puoi usare queste informazioni come modello per il tuo piano di social media marketing, e correggere gli errori che identifichi.

Creazione di un calendario di contenuti futuri

Una delle sfide più difficili che qualsiasi marchio possa affrontare è quella di dover pubblicare ripetutamente contenuti sempre nuovi e di qualità per il pubblico. Un profilo social stagnante è l'equivalente online del negozio chiuso. Se non pubblichi costantemente dei contenuti, i tuoi fan penseranno che il business non funzioni, anche se offline in realtà prosperi. Post coerenti possono promuovere il coinvolgimento e lasciare i lettori in entusiasta attesa del post futuro – generando così un rapporto più stretto con i fan.

Un modo semplice di sfornare contenuti coerenti è impostare un calendario di contenuti sui social. Il calendario ti aiuterà a programmare i post settimanali e mensili. Un piano chiaro sulle future pubblicazioni guiderà le tue decisioni e ti permetterà di fornire contenuti su misura per diversi momenti. È possibile quindi evitare la trappola della pubblicazione dei contenuti mediocri a causa di vincoli di tempo o mancanza di creatività.

Puoi anche organizzarti per feste importanti come Natale, Pasqua, Capodanno, e creare contenuti adatti per le "feste minori" (San Valentino, la Festa dei lavoratori o della Repubblica), ovvero giornate in cui il pubblico cerca attivamente sconti e curiosità, magari per le vacanze.

Un calendario di contenuti per i social media che consenta di raccogliere idee ti impedisce di preoccuparti di una pubblicazione quotidiana, permettendoti così di concentrarti sulla fornitura di contenuti a lungo termine per il business. Capiterà di postare in maniera spontanea, ma alla base della tua strategia di social media marketing dovrebbe proprio esserci un calendario di contenuti.

Un'idea efficace per creare contenuti a lungo termine è quella di mantenere un ritmo quotidiano su tutte le tue piattaforme di social. Ecco un buon esempio: poni una domanda interessante il lunedì, condividi una citazione il martedì, pubblica un post sul blog il mercoledì e carica un'infografica il giovedì.

Capitolo 4: creare la strategia di marketing su Facebook

Finalmente hai impostato la tua pagina Facebook e stai già incoraggiando interazioni e conversazioni. Quindi ora hai bisogno di identificare dei modi di massimizzare il potenziale della pagina in questione.

Fissa gli aggiornamenti di stato e i post importanti

Facebook permette ai proprietari di pagine di fissare un singolo post in cima al diario per sette giorni. Funzione che si può rivelare utile per mostrare con facilità ai fan contenuti di valore. Gli altri aggiornamenti appariranno sotto al post in questione, a meno che non lo rimuoviate prima della scadenza, il che lo riporterà alla sua posizione cronologica iniziale.

Quando crei un post, soffermati su di esso finché non appare un'icona; toccala e seleziona "Fissa nella parte superiore della Pagina". I migliori tipi di post da fissare sul profilo sono promozioni, annunci e link a prodotti.

Incorpora post per promuovere le interazioni

Sette anni fa Facebook ha lanciato la funzione Incorpora, con la quale è possibile includere al profilo post e link di un sito esterno. Da allora i post incorporati vengono comunemente utilizzati per avviare conversazioni. È possibile utilizzare questa funzione per incoraggiare conversazioni sulla pagina e avviare interazioni da diverse piattaforme, come newsletter o post sul blog.

Quando il tuo aggiornamento di stato va in diretta, *chiunque* può incorporare il post dalla tua timeline o da altre piattaforme. I post incorporati hanno un enorme potenziale promozionale. Sono provvisti anche di pulsanti che consentono la condivisione, il commento, il like (al post o anche alla tua pagina Facebook) da parte dei visualizzatori.

Come incorporare un post:

- passa con il mouse sopra al post, clicca a sinistra sull'icona della matita e seleziona Incorpora;

- apparirà allora un codice da incollare come HTML sul blog o sul sito.

Riposta contenuti di qualità in un formato naturale

Online non ci saranno tutti quanti quando pubblicherai per la prima volta il contenuto. Se è di qualità, sotto forma di articolo o link, puoi ripubblicarlo in momenti diversi della giornata, ma possibilmente evitando di usare sempre lo stesso testo per il link. Mescolali. Facebook ti bannerà il post se continui a postare ripetutamente lo stesso testo, perché gli utenti reagiscono male ai contenuti "copia e incolla".

Utilizza l'ottimizzazione del pubblico per aumentare il tasso di coinvolgimento

L'ottimizzazione del pubblico di Facebook permette ai proprietari delle pagine di adattare i post organici a un gruppo di fan specifico definito in base al sesso, all'età, agli interessi o alla posizione. Non tutti i fan saranno interessati a TUTTI i tuoi post. A seconda del settore e degli obiettivi della tua strategia di marketing, potresti aver bisogno di ottimizzare i post per un pubblico simile per aumentare il tasso di coinvolgimento.

Se dei fan in particolare interagiscono con i tuoi post, il tuo contenuto in futuro continuerà ad apparire nel loro News Feed, il che avrà un impatto sul tasso di coinvolgimento. Se non stai usando questa funzione, attivala in Impostazioni pagina.

- per attivare l'ottimizzazione, vai agli aggiornamenti di stato;

- clicca su Pubblico preferito della Pagina (puoi filtrare la tua timeline in base ai loro interessi);

- inserisci gli interessi (assicurati che siano legati al tuo post);

- restrizioni (scegli chi può vedere i tuoi post in base a lingua, età, luogo e genere);

- salva le scelte fatte.

È possibile verificare i dati analitici dei post ottimizzati per il pubblico tramite i simboli sotto a Facebook Insights > Targeting. È fondamentale sperimentare questa funzione per vedere l'impatto dei post regolari rispetto a quelli mirati.

Incoraggia le interazioni ma senza esagerare

Se vuoi aumentare la percentuale di clic su Facebook e dirigere il traffico da altre piattaforme social al tuo sito web, sii diretto sulle tue aspettative in merito ai clienti con la CTA. Per esempio "Clicca qui per ulteriori dettagli (link)". Una piccola spinta nella giusta direzione può fare la differenza tra un aggiornamento di stato ignorato e uno di successo.

Attenzione però che Facebook aggiorna regolarmente l'algoritmo News Feed per tracciare le pagine che incoraggiano l'engagement baiting tramite link, tag e commenti.

Un classico esempio di tag-baiting si presenta così: "*Vuoi vincere il nostro premio? Tagga un amico. Vince chi tagga venti amici!*".

Il comment baiting è simile a "*Scrivi SÌ nei commenti se bevi caffè al mattino!*"

Il link-baiting invece è "*Clicca qui per vedere cos'è successo dietro le quinte dei Grammy! Immagini sexy incluse!*"

Facebook vuole dare la priorità a contenuti di qualità e promuovere interazioni credibili, quindi se sul tuo profilo si scopre engagement bait, post del genere verranno oscurati dal News Feed dei tuoi clienti. L'algoritmo usato è tanto potente da riuscire anche a identificare le parole di un video che incoraggiano l'engagement-baiting. Quindi, se stai pensando di creare post come quelli menzionati sopra, ti prego di lasciar perdere.

Visualizzazioni con le funzioni See First e Ricevi le notifiche

Una tattica credibile da impiegare per assicurarsi che i fan ricevano tutti i tuoi post consiste nell'incoraggiarli ad attivare le notifiche per i post in questione. Facebook ha due funzioni ("Vedi prima" e "Ricevi notifiche"), recuperabili passando il cursore sopra ai pulsanti dei follower e dei "Mi piace" ricevuti, al di sotto della foto di copertina.

Selezionate queste funzioni, i fan riceveranno una notifica a ogni pubblicazione di aggiornamento di stato. Il tuo post apparirà automaticamente in cima alla loro timeline. Puoi incoraggiare gli utenti a usare queste funzioni fornendo una guida passo per passo munita di screenshot.

Sta a te decidere se proporlo o meno ai fan; c'è chi potrebbe trovarlo invadente. Valuta la solidità del tuo rapporto con i fan prima di prendere una decisione. Se decidi di procedere, non farne però un evento regolare.

Messa a punto delle immagini del blog per Facebook

Nel 2013 Facebook ha aumentato le dimensioni delle miniature delle immagini condivise dagli articoli e che compaiono nel News Feed. Quando si pubblica un contenuto che include un link, Facebook utilizza automaticamente un'immagine dall'articolo come miniatura, a condizione che sia di dimensioni adeguate. Qualsiasi blog o articolo condiviso sul News Feed mostrerà un'immagine a tutta larghezza con un breve trafiletto e il titolo del blog.

Ma perché venga visualizzata su Facebook, è necessario che l'immagine abbia una larghezza di 1,91 x altezza. Facebook consiglia che le immagini dei blog abbiano una risoluzione di almeno 1200 x 630 pixel − cosa poco realistica per la maggior parte dei blogger. Meglio invece pubblicare post di blog che includono un'immagine di almeno 600 x 315 pixel. È questo il requisito minimo perché qualsiasi immagine da blog venga visualizzata su dispositivi diversi, come tablet, telefono o desktop.

Se l'immagine usata è inferiore alla risoluzione minima richiesta, Facebook ne comprimerà le dimensioni, sfocandola.

Proprio come suggerito sopra, un'altra strategia da provare è quella di pubblicare "citazioni" da un post del blog, convertirle in immagine o usarle accanto a una foto visivamente attraente. Nell'aggiornamento di stato utilizza il link dal post del blog e monitora il tasso di coinvolgimento.

Video di Facebook per massimizzare il potenziale della pagina

L'introduzione su Facebook dei video ha modificato il panorama della piattaforma social, e continuerà a espandersi. È più vantaggioso postare un video originale direttamente su Facebook piuttosto che condividere un link di Twitter o YouTube.

Questo perché Facebook dà la precedenza, in termini di portata, ai video suoi. Se credi che il tuo contenuto video sia utile agli utenti, ora e in futuro, puoi pubblicarlo su Facebook e successivamente come link di YouTube.

Massimizzazione della forza dei video di Facebook

I video di Facebook hanno la riproduzione automatica e l'audio attivato. Quando un utente scorrendo il News Feeds arriva al video, ecco che la riproduzione dello stesso è immediata. Capito ciò, devi scegliere una strategia per attirare l'attenzione dei fan in meno di tre secondi. Di solito, il movimento o una persona rivolta verso la telecamera nei primi secondi rende gli utenti più inclini a guardare il video.

In alternativa, un'altra strategia popolare è l'aggiunta di didascalie ai video di Facebook muti. Puoi anche integrare un file SRT al video, per avere didascalie automatiche. Facebook favorisce soprattutto questi tipi di video, perché può analizzare il testo e mostrarlo al pubblico interessato. Si tratta di una "promozione gratuita" molto vantaggiosa.

Puoi anche creare una playlist dei video nella tab Video (per aumentare il tempo di visione). Puoi rendere un video specifico il fulcro della tua playlist modificando quest'ultima. Il video in primo piano sarà collocato in una posizione centrale sotto la sezione informativa – una meravigliosa opportunità di parlare della tua attività o evidenziare un'offerta in corso.

Per aumentare la visibilità dei contenuti video, aggiungi tag descrittivi con le persone che vi compaiono. Scegli una miniatura interessante dall'elenco che appare dopo il caricamento del video. In alternativa puoi usare una miniatura personalizzata di almeno 1920 x 1200 pixel. Ricorda che l'immagine deve possedere meno del venti per cento di testo.

Se la miniatura contiene più della percentuale di testo stabilita e si sceglie di promuovere il video in futuro, Facebook darà la precedenza ad altri video con un'immagine d'anteprima più pulita rispetto a quella del tuo post. Ricorda di usare il codice di incorporamento del video nei tuoi post sul blog o nel tuo sito web, per creare più consapevolezza e coinvolgimento. Puoi incorporare l'intero video o solo il player video per promuovere un look più nitido.

Magari ti va di includere effetti sonori o musica nei video di Facebook e Instagram. Esiste una Facebook Sound Collection dedicata (www.facebook.com/sound/collection/). La collezione comprende diversi generi, voci e qualsiasi cosa di cui tu abbia bisogno per far emergere il video — video che dovrebbe essere allineato alla strategia menzionata nei paragrafi precedenti.

Strategia dei contenuti di Facebook Stories

Facebook ha lanciato Stories nel 2018: qui i proprietari di pagine possono condividere contenuti visivi con i fan. La funzione è simile a Instagram Stories, e permette di condividere direttamente dallo smartphone immagini e contenuti video che rappresentino il marchio e i servizi. Le storie di Facebook di solito mostrano testi e adesivi colorati da utilizzare per convincere gli spettatori a patrocinare l'attività in questione.

Testi come Chiama adesso, Compra adesso o Prenota ora sono collegati direttamente al feed delle storie con un pulsante di accompagnamento che rispecchia le opzioni CTA (call to action) mostrate nell'intestazione principale. Le storie di Facebook sono un sistema vivace di coinvolgere il pubblico in un modo divertente e autentico per coltivare relazioni più forti. Può essere una strategia vitale per migliorare il fascino di quel luogo brulicante che Facebook incoraggia.

La sensazione di "non rifinito" e la creazione rapida di Storie rendono la funzione un aggiornamento sui normali post della pagina. Inoltre, chiunque può controllare la Storia della tua pagina cliccando sulla tua foto profilo. Le Storie appaiono anche in cima al News Feed dei follower, a parte rispetto all'affollata timeline.

Puoi creare Facebook Stories in tre semplici passi:

- scorri fino alla tua pagina e tocca i tre puntini in alto a destra;

- clicca su Apri fotocamera > Crea una storia;

- al termine della registrazione, clicca su Condividi nella storia, per condividerla con i tuoi follower.

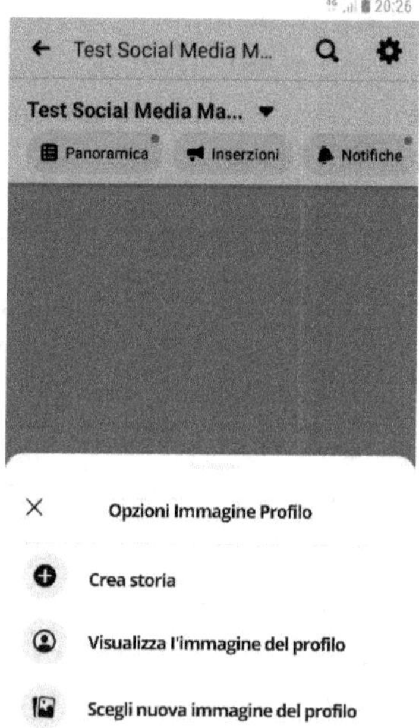

Strategia per le dirette Facebook

Facebook ha lanciato la funzione "Live" al pubblico globale nel 2016. La funzione permette agli utenti di registrare e pubblicare (al termine del live streaming) video in diretta sulla piattaforma tramite webcam o l'app mobile. È possibile registrare un video in diretta per un massimo di mezz'ora. Per farlo:

- clicca su A cosa stai pensando [nome]?

- premi il pulsante Video in diretta per iniziare la registrazione.

Puoi anche lasciare una descrizione sul tema del video da condividere con i follower prima di iniziare la diretta. Iniziata la trasmissione, puoi controllare il numero di spettatori, i commenti in diretta e i nomi delle persone che si sintonizzano.

Alla fine della diretta riceverai immediatamente informazioni sul numero di spettatori e altre metriche correlate. Hai la possibilità di pubblicare l'intera trasmissione sul tuo News Feed, dove le persone che se lo sono perso potranno vederlo con calma. Puoi includere una descrizione che dica al pubblico cosa aspettarsi, o tentare con la promozione a pagamento per una maggiore esposizione.

Massimizza il potenziale delle dirette Facebook

La natura spontanea delle dirette Facebook implica che parte del tuo pubblico perderà la trasmissione. Puoi creare il buzz che porta alla tua trasmissione all'interno di Video Manager. Per gli spettatori, esiste un'opzione che consente loro di impostare un promemoria in modo da ricevere una notifica all'inizio della trasmissione. L'opzione flusso programmato implica la possibilità di creare consapevolezza non solo su Facebook, ma anche tramite un URL personalizzato da condividere su più piattaforme.

Se la tua pagina Facebook include un negozio, prendi in considerazione l'idea di combinare queste caratteristiche per creare una telepromozione. Quando parli dei tuoi prodotti nella trasmissione, puoi facilmente taggare i prodotti nel video. Così facendo incoraggerai i clienti a cliccare sul relativo link, che li reindirizzerà alla tua pagina dei prodotti.

Una volta caricato il video, clicca su Tagga i prodotti, inserisci i nomi dei prodotti menzionati nel video e infine pubblica.

Nel caso in cui nella chat in diretta ci siano più moderatori, Facebook fornirà sulla tua pagina una visualizzazione a schermo diviso accessibile dall'applicazione mobile. Si chiama Live With. Al lancio della diretta in modalità orizzontale, tu e l'ospite apparirete fianco a fianco. Le dirette lanciate in modalità verticale appariranno invece singolarmente su una pagina.

Un titolo accattivante: si consiglia di creare un titolo descrittivo che promuova la visibilità del video. Facebook esegue miliardi di ricerche su base "quotidiana". Da un piccolo sforzo potresti ricavare un gran vantaggio.

Una didascalia che racconti una storia: correda il video a una didascalia descrittiva. In molti potrebbero non avere la pazienza di guardare il video; è quindi cruciale fornire brevi informazioni sul suo contenuto per aiutare il pubblico a decidere se vale la pena guardarlo.

Facebook suggerisce ai proprietari di pagine di utilizzare come didascalia una citazione chiave dal video per promuovere l'interesse. Questa strategia aumenterà le "aspettative" degli spettatori. In alternativa, puoi raggiungere un pubblico più ampio con la diretta taggando le pagine che hanno contribuito al contenuto, o pagine simili che possono promuovere il video.

Anche se Facebook ha disabilitato il pulsante CTA (call to action) per le dirette, è comunque possibile integrare una call-to-action nel video. Nella didascalia puoi inserire dei link al tuo sito web o al post sul tuo blog, invitando i visitatori ad accedere a ulteriori informazioni cliccando sul link. È possibile anche incoraggiare gli spettatori a lasciare opinioni e commenti.

Oppure si può nominare una CTA (call to action) durante il video, o aggiungere una sovrapposizione di testo. Parlare di una CTA (call to action) durante un video suscita il massimo coinvolgimento. Si può anche aggiungere una sovrapposizione di testo alla fine della trasmissione o un'immagine statica prima del termine della diretta.

Anche se nel corso della diretta è improbabile che si abbia il tempo di rispondere a ogni richiesta o commento del pubblico, assicurati di rispondere ai commenti non appena terminata la trasmissione. Scorri la sezione dei commenti per controllare a cosa puoi rispondere.

Se lanci continuamente dirette da una pagina aziendale, raccogli i replay in una playlist in modo che i visitatori possano trovare video specifici in un secondo tempo. Puoi creare una playlist sotto la tab Video.

Aumento del coinvolgimento e degli argomenti tramite gli hashtag

Sette anni fa Twitter ha fatto suo il trend impostato da Pinterest e ha lanciato la funzione hashtag, presentati come link cliccabili. Gli hashtag aiutano gli utenti a scoprire post relativi a un determinato argomento sulla piattaforma. Vista la gran quantità di contenuti condivisi, costituiscono un ottimo sistema per i marchi di creare clamore intorno a conversazioni specifiche in modo originale. Anche se gli hashtag non sono utilizzati su Facebook, a differenza di ciò che accade in altre piattaforme social, puoi comunque utilizzarli per la tua strategia di social marketing.

Massimizza la portata degli hashtag di Facebook

Dato che la maggior parte dei marchi mira a fornire messaggi brevi e concisi (gli studi dimostrano che le didascalie brevi suscitano maggiore coinvolgimento), la strategia valida è usare gli hashtag con parsimonia. Si raccomanda di usare un solo hashtag per il marchio. Gli hashtag del marchio forniscono anche un modo potente per reindirizzare il traffico dagli eventi popolari nella tua base di fan alla tua pagina, e per i potenziali clienti di scoprire il marchio.

Identifica le opportunità di collaborazione con nuove pagine controllando gli hashtag rilevanti e monitorando i tuoi per vedere cosa hanno da dire le persone sul tuo marchio.

Ricicla i contenuti su tutte le piattaforme social

È importante notare che un contenuto inizialmente realizzato in un formato (come per esempio una dichiarazione aziendale) può essere utilizzato su diverse piattaforme in diversi formati: condiviso su Facebook, twittato, come storia su Instagram, per iscritto sul blog, ecc.

Un utilizzo del genere del contenuto è un modo affidabile di massimizzarne il potenziale, soprattutto se sei a corto di risorse o molto occupato.

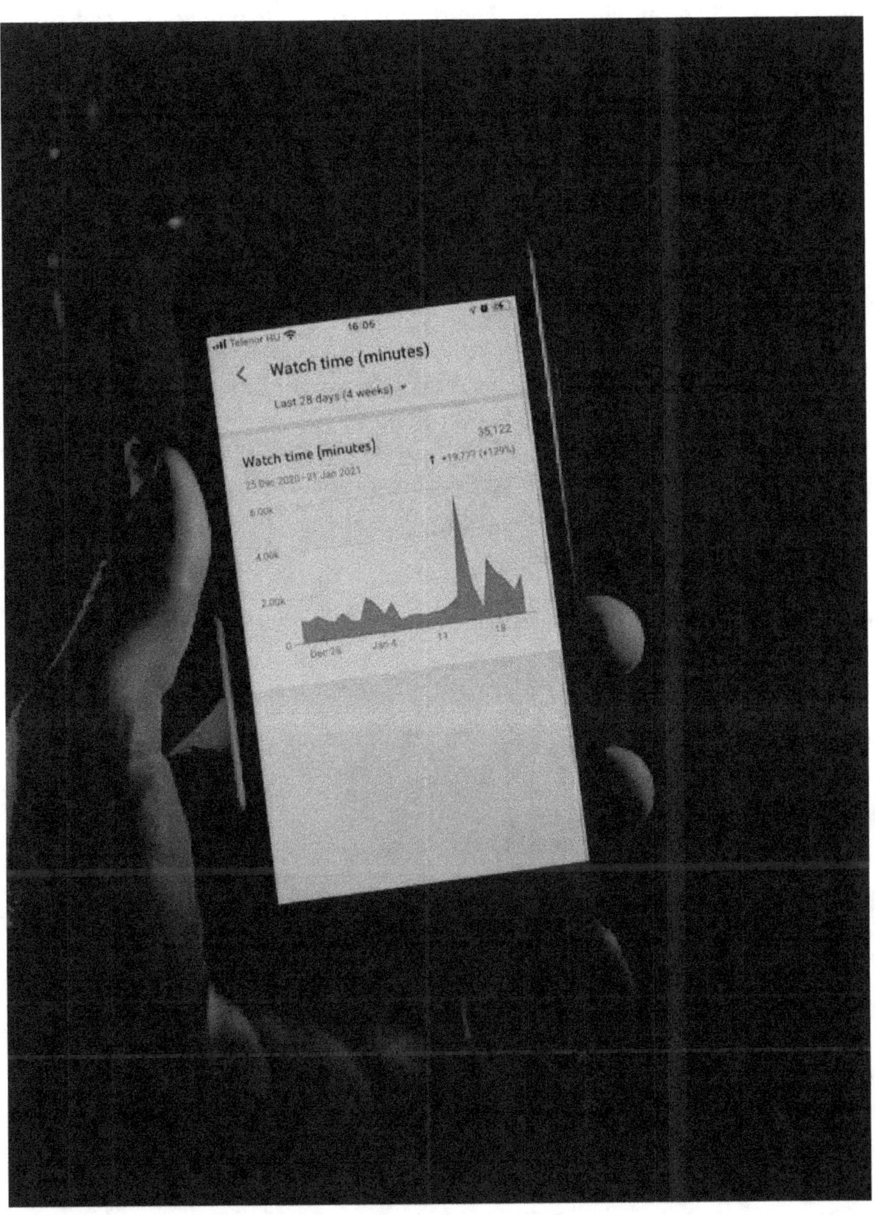

Telenor HU
16:06
Watch time (minutes)
Last 28 days (4 weeks)
Watch time (minutes)
25 Dec 2020 - 21 Jan 2021
35,122
+19,772 (+129%)
6.00k
4.00k
2.00k
0
Dec 28
Jan 4
11
18

Capitolo 5: massimizzare il coinvolgimento

Come adottare la strategia di social media marketing di maggior successo? Semplicissimo: creando una strategia di comunicazione sui social che si connetta con il cliente. Le forme convenzionali di marketing, come la pubblicità sui giornali e in tv, funzionavano diversamente perché la linea di comunicazione era a senso unico, con possibilità minime di feedback; le piattaforme social hanno cambiato tutto.

Ora che la comunicazione a due vie è la norma e il tuo marchio è sotto gli occhi di tutti, devi dimostrarti calmo e affidabile nel trattare col pubblico. Assicurati di scendere a livello personale – non presentarti come un bot senza volto dietro una tastiera – e ascolta per capire il tuo pubblico.

È un consiglio che vale per ogni impresa, sia startup sia grande azienda. Non importa se gestisci un'azienda di servizi informatici o un parco acquatico. Detto questo, un ottimo punto di partenza è stabilire un tono specifico che corrisponda al carattere del marchio.

Conserva questa predisposizione nei post sui social, nella pubblicità offline e nei contenuti web, per creare un'esperienza parallela per gli utenti. Un paragone possibile è quello con i panini di McDonald's, che hanno lo stesso sapore in tutto il mondo. Quando il tuo marchio ha un tono specifico, il pubblico capterà dei modelli riconoscibili e agirà in vista di un grosso incremento nelle vendite.

I marchi che usano una voce social specifica e che la mantengono su tutte le piattaforme sanno farsi largo tra le distrazioni e fornire un messaggio conciso che darà risultati migliori.

Personalizza il marchio e racconta storie

I social sono un mezzo usato dalle persone per connettersi, quindi dovresti abbassare i muri difensivi e lasciare che il tuo pubblico veda il funzionamento interno del marchio. Sii trasparente e originale nei messaggi – trasparenza in questo contesto significa essere diretti su ciò che il marchio potrebbe tipicamente condividere con i clienti. Esiste comunque un confine professionale e personale da non superare.

In linea generale, mai parlare di un divorzio in corso né delle meraviglie della tua vita sessuale. Qui il confine si supera in modo drastico. Adatta invece la voce del tuo marchio, manifesta umorismo nei post e usa il normale gergo di internet.

L'originalità tipicamente attrae i clienti verso un marchio; clienti che a loro volta interagiranno attivamente con i post, li condivideranno con amici e familiari e compreranno il prodotto o servizio pubblicizzato invece di optare per un marchio con cui non hanno alcuna connessione emotiva.

Un approccio umano vero, sostenuto dallo storytelling – il modello di comunicazione più potente per gli esseri umani – si è dimostrato una tattica solida da impiegare sui social. Ti aiuta a distinguerti dalle vendite generiche del web, e con una combinazione intelligente di testo e immagini interessanti puoi catturare l'attenzione dei fan durante la tipica navigazione automatica.

Come azienda, è questo il momento migliore di interagire con il pubblico, mantenerne alta la consapevolezza col passare del tempo (se non rivolgi tantissima concentrazione verso la coltivazione dei social, stai sbagliando) e infine guadagnarti fedeltà e acquisti.

Qui sotto ci sono alcuni esempi "contro", che evidenziano come una bella riflessione sui post online può migliorare la comunicazione con i potenziali clienti. Attenzione: il linguaggio preferito di questi tempi è il secondo proposto.

- Focus sul cliente: "Abbiamo recentemente lanciato la nostra collezione primaverile di sneaker, date un'occhiata" vs. "Sii il ragazzo più figo del quartiere con queste nuovissime sneaker XYZ // #SpringSneakers to slay".

- Offerta di un valore diretto: "Controlla queste mosse di sottomissione MMA" contro "Queste mosse di sottomissione MMA possono aiutarti a vincere qualsiasi combattimento in 20 secondi".

- Suscitare la curiosità del cliente: "Le ricerche dimostrano che l'esercizio fisico aiuta a dormire meglio" contro "Il 68% degli uomini sopra i 40 dice che gli esercizi migliorano la qualità del sonno. Non c'è altro da sapere ".

- Linguaggio semplice: "Studi e ricerche dimostrano che l'acquisto della nostra crema idratante per la pelle aumenta la percentuale di idratazione del viso del 30% — ma quant'è incredibile?" vs. "Nuovissima! Gli esperti dicono che la nostra crema viso aumenta l'idratazione del 30% anche nei giorni caldi!"

Nei paragrafi successivi troverai svariati consigli su contenuti, consigli che esemplificano al meglio gli esempi menzionati sopra. Le domande importanti da porsi comunque sono: chi è il mio pubblico? In che modo i miei prodotti migliorano la qualità della sua vita? Che storia hanno i tuoi clienti? Come puoi comunicare con loro nella loro lingua preferita?

Attenzione: per quanto riguarda l'uso delle immagini sui social, la ricerca ha dimostrato che quelle di oggetti animati – soprattutto se c'è una persona che sorride e ti guarda – possono aumentare il coinvolgimento. Anche se il servizio che fornisci non è materiale (per esempio nei servizi legali o immobiliari), puoi comunque mettere negli annunci e nelle immagini un po' di umanità. Puoi usare i volti dei tuoi clienti felici, te stesso o anche immagini di repertorio.

Allo stesso modo, buone aggiunte al testo sono le emoticon e gli emoji (emoticon espressivi che stanno rapidamente diventando un gergo globale), che possono aggiungere un filo di umorismo ed espressività ai post. Una tesi di Frontiersin rivela che l'inclusione in un post online di emoji suscita il trentatré per cento in più di coinvolgimento, mentre un altro studio di Buddy Media dimostra che gli aggiornamenti di stato provvisti di emoticon attirano il sessantasette per cento in più di like, il ventitré per cento in più di condivisioni e sempre il ventitré per cento in più di citazioni rispetto al post medio.

Un punto significativo può anche essere trovato nel fatto che le più grandi piattaforme social (Instagram, Facebook e Twitter) hanno tutte funzioni emoji integrate nelle loro app. Instagram ha rivelato nel 2015 che circa il quarantasette per cento delle didascalie e dei tag della sua piattaforma contengono almeno un'emoticon. Sperimentare con le emoji pare proprio una tattica utile da implementare negli aggiornamenti di stato.

Ora che hai capito che raggiungere i propri obiettivi sulle piattaforme social è possibile, è fondamentale evitare i cliché e investire in una comunicazione onesta, in storie e in immagini che si guadagnino l'attenzione del pubblico. Come detto prima, gli utenti (specialmente i millennial e la maggior parte degli utenti dei social) non si sentono coinvolti dal gergo generico del marketing e si limitano a scorrere oltre a questo tipo di post. Invece di mirare a ingannarli per fargli acquistare prodotti o servizi tramite classici discorsi di marketing, dimostra il valore e le convinzioni principali del marchio. Questa strategia specifica nel lungo periodo ti distinguerà dal branco.

Non promuovere sempre il prodotto: dai priorità alle relazioni e valore ai clienti

La maggior parte degli utenti social non ha voglia di mettersi a navigare su Twitter, Pinterest o Facebook solo per imbattersi in vendite aggressive da parte dei marchi. Usano queste applicazioni principalmente per comunicare con parenti e amici e per divertirsi. Se seguono o mettono "Mi piace" alle pagine di un marchio, di solito è perché qualcosa ha attirato la loro attenzione.

Guarda la quantità di aziende che segui sui social: non tante, vero? Solo i fan più devoti sono interessati a visualizzare ogni singolo post di un'azienda. Non è realistico aspettarsi un seguito di massa sulla pagina aziendale in mancanza di una promozione a pagamento.

Quindi sta a te incoraggiare il pubblico a vedere il tuo marchio come un'entità che aggiunge qualità alla sua vita quotidiana. Apparire sul feed o sulla timeline dei fan è un privilegio che si guadagna, mica un diritto. Puoi accelerare questo processo coltivando relazioni oneste e solide, condividendo contenuti perspicaci, dimostrandoti amichevole ed entusiasta nell'assistenza clienti, tra le altre cose.

Promuovere un post ogni tanto male non fa (a patto che il post in questione sia adatto al tuo pubblico), ma gli altri aspetti del tuo piano di social media devono essere adeguati.

Infine, con una corretta strategia di social media in atto, cambierai la tua mentalità da "Come posso ottenere il massimo delle vendite?" a "Come possiamo aiutarti?", perché quando si tratta di "seguire" una pagina aziendale la prima domanda del pubblico sarà "cosa me ne verrà?"

Con l'aumento della concorrenza e il traffico organico (promozione non a pagamento) al minimo, i tuoi aggiornamenti di stato e i post del blog devono toccare i clienti a livello emotivo e personale. I fattori scatenanti più forti sono umorismo, rabbia, stupore e talvolta narcisismo (contenuti che alla condivisione sulla pagina privata danno un'idea grandiosa della persona in questione).

Una volta iniziato, un modo intelligente per rimanere concentrato è quello di controllare a intermittenza i tuoi ultimi quindici post e rispondere a queste domande: "Questo contenuto fornisce valore ai miei clienti? Quale obiettivo primario serve il mio marchio?"

Se hai difficoltà a rispondere, è il momento di rinnovare la tua strategia per fare appello a un pubblico più ampio e informato che mai. I potenziali clienti vedono attraverso contenuti generici e messaggi di vendita. Proprio come il mondo reale, la maggior parte degli utenti social vuole relazionarsi con un marchio degno di fiducia piuttosto che con un'azienda la cui unica intenzione è quella di succhiar soldi ai clienti a ogni occasione.

Riprendendo il punto: devi lavorare sodo per entrare a far parte regolarmente del feed social del tuo pubblico, invece che distinguerti con post poco in risonanza col cliente. Tutto il lavoraccio in vista della costruzione di un'immagine positiva del marchio a tempo debito porterà alla vendita.

Pubblica costantemente contenuti di qualità rivolti al pubblico di riferimento

Si è detto prima che una delle sfide più difficili per qualsiasi marchio consiste nella creazione sui social di contenuti di qualità. Non importa quali contenuti pubblichi né quanto regolarmente pubblichi gli aggiornamenti: mai fermarsi. È sufficiente fissare l'obiettivo di due o tre post al giorno.

Il minimo che puoi fare è postare contenuti un minimo di sei volte alla settimana, per essere sicuro che il tuo marchio appaia costantemente sulla timeline o sul feed dei fan devoti. Se attualmente non sei in grado di investire tutto questo tempo sulle piattaforme social, è essenziale postare a intermittenza piuttosto che non postare affatto. Puoi scegliere un giorno ogni due settimane per aggiornare tutte le tue piattaforme social – un nuovo post sul blog, un link al tuo lavoro su LinkedIn o un video su YouTube.

Quando potrai investire più tempo sulle piattaforme social, avrai già una base solida da cui partire.

In questa fase la coerenza – hai notato che questo concetto viene ripetuto costantemente? – è cruciale. La sua mancanza è proprio una delle grosse cause del fallimento di molti marchi nella loro strategia di social media. Prendiamo Facebook come caso di studio per una piattaforma social utilizzata da molte aziende. Attenzione a questo esempio: quando un utente scorre la sua timeline, il numero medio di post generati su un singolo feed è di circa millecinquecento.

Il complicato algoritmo di Facebook organizza questi post in base alle probabilità che un utente si senta coinvolto da parti di contenuto – da parenti, amici, Pagine, Eventi, Gruppi e altro. Inoltre, la metà degli utenti registrati su Facebook non controlla il sito ogni giorno. La combinazione di questi fattori indica che la possibilità che i post generino coinvolgimento è significativamente ridotta, specialmente se non crei contenuti promozionali a pagamento (di cui si parla nel dettaglio più avanti).

È quasi inconcepibile che il tuo pubblico veda la totalità dei tuoi post – i post che suscitano coinvolgimento di solito sono solo l'undici per cento. Quindi i marchi devono impegnarsi di più per ricavare da Facebook il più possibile. Inoltre, perché un alto numero di persone interagisca con la copia caricata (sulla piattaforma originale di pubblicazione o su una condivisa), il contenuto utilizzato deve creare consapevolezza del business e risultare utile ai fan.

Dev'essere d'ispirazione, divertente, valido e abbastanza utile da indurre il pubblico di riferimento a commentare, condividere, mettere "mi piace" o cliccarlo. Quasi tutti hanno una loro fonte preferita di informazioni, per esempio un sito web preferito e piattaforme social specifiche per le diverse notizie, fonti che garantiscono contenuti interessanti da condividere con amici e familiari. Il tuo obiettivo dovrebbe quindi essere quello di rientrare in questa lista.

Non tutti i tuoi post devono diventare virali. Si possono anche postare contenuti divertenti in totale relax. Molte volte capita di scoprire che semplici domande come "Cosa vuoi ottenere questa settimana?" possono generare un enorme coinvolgimento e indurre il pubblico a visualizzare poi post più seri.

In definitiva, non tentare di mantenere l'argomento della conversazione leggero o serio. Lavora invece sulla creazione di un equilibrio tra i temi.

Il punto consiste nel fatto che maggiore è il coinvolgimento che riesci a creare tra il tuo pubblico attraverso i post sui social (commenti, menzioni, tag, condivisioni, like), maggiore è la probabilità che il pubblico torni sulla tua pagina – cosa che aumenterà l'esposizione del marchio.

Più coinvolgimento suscitano i post su piattaforme come Instagram, Facebook e Twitter, più spesso appariranno nel News Feed dei fan, creando futuro coinvolgimento. L'algoritmo della maggior parte delle piattaforme social in genere filtra il contenuto che appare sul feed di una persona in base alle interazioni precedenti con contenuti correlati.

Perciò, se a causa di incoerenza tua il fan non si imbatte nei tuoi post o ignora i tuoi contenuti perché poco interessanti, prima o poi i tuoi post cesseranno del tutto di apparire sulla timeline del fan in questione. Sarà difficilissimo ricomparire sul suo feed senza una promozione a pagamento.

Attenzione: a causa del significativo calo della portata non retribuita su piattaforme come Facebook e altre piattaforme social, pare che la migliore soluzione per suscitare attenzione per i post sia quella di condividere contenuti in modo coerente. D'altra parte, si tratta di un approccio anche controintuitivo. La pubblicazione eccessiva di contenuti può irritare anche i fan più fedeli.

Inoltre, pubblicando contenuti a intermittenza si elimina la pressione di dover inventare ogni giorno argomenti nuovi. Così avrai tutto il tempo di svolgere ricerca e pubblicare coinvolgenti contenuti di qualità ideati appositamente per suscitare il massimo coinvolgimento.

Se poi usi le ore buttate per contenuti "in eccesso" nell'ideazione invece di contenuti "principali" sostenuti da pubblicità, la percentuale di fan che vedrà i tuoi post aumenterà. Qualsiasi interazione avranno questi fan con i post aumenterà le probabilità che vedano i post futuri sul feed, e senza una promozione a pagamento.

Quale tipo di contenuto attira il maggior coinvolgimento?

Una fonte regolare di dibattito tra gli imprenditori sui social è se i migliori formati per contenuti siano immagini, video, testi o link . Nessuno però può dirlo con certezza. Le piattaforme social modificano continuamente gli algoritmi, il che significa che i marchi sono costretti a restare sempre indietro.

In definitiva, la strategia e il formato dei contenuti dovrebbero essere guidati da ciò che ti dicono le analisi. Nel 2013 Facebook ha indicato alle aziende che i post provvisti di immagini generano fino al centoventi per cento in più di coinvolgimento rispetto a quelli di solo testo.

Ma che senso hanno questi numeri se si scopre che i post testuali del tuo marchio fanno più di cinque volte meglio dei contenuti con immagini o video? È importante evitare la tentazione di saltare sul carro delle ultime tendenze e degli ultimi consigli, che sempre assicurano livelli incredibili di coinvolgimento. Dovresti invece prendere questi consigli da modello, ma assicurandoti di dare la priorità alla creazione di contenuti utili.

Testa e analizza. Testa e analizza. Insisti in questo senso monitorando continuamente le metriche. Una volta identificato ciò che funziona per te, puoi integrarlo nella strategia di social media.

Mai concentrarsi sulla viralità: dai la priorità alla fedeltà e al rapporto con i clienti

A questo punto è chiaro che la concorrenza tra marchi, leader di settore e algoritmi utilizzati dalle piattaforme social implica che non tutti i fan si imbatteranno nei tuoi post sulla loro timeline quando li pubblicherai sulla tua pagina.

L'obiettivo non è il perseguimento di follower, like o visualizzazioni. Queste metriche sole non raccontano la storia completa. Concentrati invece sulla pubblicazione di post di qualità, che accumuleranno un forte seguito di fan che apprezzano il tuo prodotto e che dimostreranno questo amore con vendite, commenti, condivisioni e altre forme di coinvolgimento. La fedeltà dei clienti solitamente incoraggia altri a interagire con il marchio e ad acquistare prodotti e servizi.

Un marchio, qualsiasi esso sia, che tocca il cinque per cento di portata organica a tutti i fan senza annunci a pagamento sta facendo un lavoro meraviglioso.

Quando si tratta di coltivare e mantenere un rapporto sano con i clienti, assicurati di cercare di interagire con i fan in modo tempestivo. Puoi favorire il rapporto personale usando la menzione "@ nome utente" per mantenere alti i livelli di coinvolgimento. Se un fan lascia un commento su un post o condivide un'opinione pubblicamente sul tuo profilo, rispondi il più velocemente possibile.

Ogni opportunità di portare avanti un thread, rispondere a una domanda o apprezzare un cliente per il suo supporto va perduta senza una risposta da parte tua. Si tratta di un grosso difetto di svariati marchi presenti online. Se sei inondato di menzioni e non riesci a rispondere personalmente a ogni commento, metti un rapido "mi piace" sul commento. Molto meglio che abbandonare il fan, e poi dimostra che prendi nota dei commenti.

Un'eccellente assistenza clienti: risolvi rapidamente i reclami

I social sono diversi dagli altri media in termini di servizio clienti. Le piattaforme social danno accesso istantaneo e continuato ai clienti. I clienti hanno lo stesso accesso al tuo marchio, caratteristica chiarissima in quella che può essere definita la rivoluzione del servizio clienti.

Oltre a far sentire il pubblico apprezzato, rispondere ai problemi dell'assistenza clienti ti dà un'idea del tuo target demografico, di cosa viene apprezzato dell'azienda e delle aree migliorabili. La natura istantanea del tweet o del post su Facebook implica che i clienti si aspettano una risposta ai reclami rapida come mai prima d'ora.

Molti guru dei social ti diranno di ottimizzare il tempo di risposta fino a giungere a meno di trenta minuti. Un limite di tempo tutto sommato possibile, rivolgendosi a un social media manager entusiasta, ma la maggior parte delle aziende non ha il lusso di operare in questo modo. Consigliamo di risolvere i reclami in breve tempo, considerando che rispondere in meno di ventiquattr'ore è un gesto che sarà apprezzato.

Inoltre, piuttosto che rispondere a caso ai reclami, designa magari degli orari specifici da dedicare alle risposte.

Attenzione: se per te una risposta rapida costituisce una grossa sfida, puoi raccogliere tutte le richieste e le menzioni dei social in un unico luogo. Per esempio Hootsuite o SocialOomph (entrambi servizi a pagamento) ti permettono di raccogliere commenti, menzioni, tag e messaggi privati da Facebook, Instagram e Twitter in una singola casella di posta.

In alternativa, RecurPost o Minday.com sono strumenti gratuiti di gestione dei social che svolgono gli stessi compiti. Queste applicazioni gestiscono tutte le menzioni social in un unico spazio.

Ricorda che il miglior approccio per aggirare le lamentele pubbliche dei clienti è bloccarle sul nascere. Per farlo, fornisci diverse opzioni per il servizio di auto-assistenza e opzioni di contatto: email, live chat, FAQ online, messaggi privati. Inserisci il tutto in pagine facilmente trovabili dai clienti, come la bio del tuo profilo o la pagina informativa.

Più facile è connettersi con te, più è probabile che un cliente cercherà di contattarti per qualsiasi problema invece di insultare il marchio online. Inoltre, dimostrate il tuo desiderio di accettare che i problemi emergano quando pubblichi notizie non proprio ideali sulle piattaforme social.

Come sempre, alcuni membri del pubblico reagiranno negativamente a notizie poco positive, ma si offenderebbero ancora di più se identificassero loro stessi il problema. Nel caso in cui un fan o un cliente ti pubblicassero commenti rabbiosi sulla pagina pubblica, ecco tre indicazioni essenziali per affrontare la situazione.

Ovvero:

Non evitare il commento: Più ignori il reclamo, più il cliente si arrabbierà. Rifiutarsi di rispondere a un commento negativo dimostra al pubblico che non hai intenzione di affrontare le sfide dei clienti, e che pensi che ignorare il problema lo farà svanire. Rispondi invece il più velocemente possibile, perché i clienti apprezzano una risposta rapida.

Non cancellare mai i feedback negativi: L'unica cosa che i clienti odiano di più dei commenti negativi ignorati è la rimozione da parte dell'azienda del reclamo. Quando un cliente arrabbiato vede che la recensione negativa o il post sono stati cancellati dalla pagina, si arrabbierà ancora di più. Gli altri clienti (che potrebbero aver visto lo screenshot del commento cancellato) interpreteranno la cosa come una tua generale indisposizione verso i commenti negativi.

Dimostra empatia nella risposta: Le conversazioni faccia a faccia rendono facile manifestare empatia e far sapere al cliente che lo stai ascoltando attivamente, anche grazie al linguaggio del corpo. Più difficile è trasmettere empatia attraverso i social, dato che hai a disposizione solo le parole.

Per fortuna alcune frasi empatiche della vita reale possono essere utilizzate anche sui social. Frasi come "Capisco la situazione" o "Che dispiacere è per me venire a sapere che…" dovrebbero essere incorporate nelle risposte. Puoi rendere i messaggi più personali menzionando i nomi dei clienti. Leggi i tuoi messaggi ad alta voce per confermare che suonino bene e aggiungi "grazie" ai messaggi.

Criteri fondamentali del servizio clienti sui social

Se vuoi fornire un'eccellente assistenza clienti, è fondamentale capire per te cosa funziona e cosa è migliorabile. Di seguito ci sono tre metriche da utilizzare per misurare l'esecuzione del supporto clienti sui profili social.

Contatto con i clienti per piattaforma

Calcola il numero di richieste, reclami e segnalazioni dei clienti a cui rispondi su diverse piattaforme in un periodo specifico. Questi numeri specifici ti daranno un'idea di quanto sono solide le richieste e del numero di personale di cui hai bisogno per soddisfare le aspettative dei clienti. Un ulteriore vantaggio è che puoi vedere quali piattaforme i clienti usano di più per sporgere reclamo e i giorni e gli orari specifici in cui ricevi un alto volume di richieste.

Tempo di risposta e periodo di risoluzione

Qual è il tuo tempo medio di risposta ai reclami dei clienti sui profili social? Per un periodo di tempo specifico, annota l'ora di ricezione della richiesta e quella in cui hai risposto. In alternativa, puoi determinare le prestazioni dell'assistenza clienti con la quantità media di tempo che ci vuole per risolvere i problemi. Quanto velocemente risolvi un reclamo a partire dal momento di ricezione del messaggio fino a quello in cui fornisci la risoluzione definitiva?

Tasso di risoluzione

Qual è il numero di richieste di assistenza che il marchio riceve in un determinato periodo di tempo e quale percentuale di richieste viene risolta? Calcolarne il numero è una buona metrica per determinare quant'è efficiente un servizio clienti. Le risposte veloci non sono sempre la metrica più importante. Le richieste vengono risolte davvero?

In sostanza, devi rispondere agli utenti social con cortesia e professionalità in un lasso di tempo rispettabile adeguato al tuo marchio. Sii aperto verso le recensioni dei clienti (anche se le trovi sbagliate, e ricorda che confutare è una tattica sbagliata) e dimostrati propenso ad accettare i tuoi errori.

Gli esseri umani sono inclini agli errori, e i clienti capiranno e rispetteranno il marchio per l'onestà dimostrata, se non ignori né cancelli le lamentele. Per migliorare i rapporti, dai una spiegazione dettagliata su come risolvere un problema, permetti ai fan di condividere idee personali sulla risoluzione di un reclamo e ricorda di seguire il problema per un paio di giorni dopo la sua risoluzione per accertarti che il cliente sia soddisfatto. Si tratta di un modo eccellente di stabilire un rapporto col cliente.

A volte ci si fa in quattro per risolvere il problema di un cliente – in pubblico – in cerca di un po' di benevolenza e rispetto. Due studenti della St. Andrews University sono rimasti sconvolti nell'apprendere che i loro popcorn preferiti non erano disponibili nel supermercato locale. Gli studenti, Isabelle e Tomi, hanno deciso di inviare una poesia di denuncia a Tesco Chiefs. L'azienda ha risposto con un sonetto e una carta regalo da dieci dollari. Lo scambio è diventato virale e centinaia di pubblicazioni hanno applaudito il gesto dell'azienda.

L'automazione può contribuire alla soluzione

Con la quantità di lavoro dovuto alla coltivazione e al mantenimento di un solido piano di social media marketing su diverse piattaforme, l'automazione ti aiuta a risparmiare ore, a rimanere adattabile e a progettare la tua strategia di social media. Strumenti di automazione come SocialPilot (https://www.socialpilot.co/) o Hootsuite (https://hootsuite.com/) ti aiutano a organizzare vari profili social dalla dashboard principale, dove puoi caricare post, pubblicare contenuti programmati da qualsiasi luogo e in qualsiasi momento, ecc.

Inoltre, gli strumenti di automazione permettono di creare una strategia di lunga durata fornendo post nuovi volti a un'esposizione continua, cioè usando contenuti riproposti su diverse piattaforme social per un periodo specifico.

Questa strategia darà agli attuali follower l'occasione di lasciarsi coinvolgere dai tuoi fantastici contenuti e permetterà a potenziali clienti di imbattersi negli stessi, se magari se li erano inizialmente persi. Controlla attentamente la frequenza dei tuoi post. È accettabile twittare lo stesso link più volte in un giorno su una piattaforma come Twitter (dove i feed si muovono a ritmo velocissimo), ma per le piattaforme social come LinkedIn e Facebook, dove la velocità dei post è più lenta, sarebbe più intelligente lasciare un paio d'ore tra i post.

Inoltre, quando si pubblica lo stesso link molte volte, è sensato riformulare di volta in volta il testo per rendere ogni post unico e coinvolgente.

Nonostante tutto l'aiuto dato dagli strumenti di automazione, ricorda che coltivare rapporti solidi e interazioni sincere dovrebbe essere il centro della tua strategia. Mai e poi mai automatizzare le risposte sulla tua pagina. Le risposte automatiche alle menzioni sulle pagine social sono un'idea terribile.

Per quanto riguarda l'automazione e la programmazione, ecco una strategia fuori dagli schemi che potresti non aver già usato: programma i post da caricare pochi minuti prima o dopo l'orario scelto in modo da raggiungere i fan che si collegano in pausa pranzo, durante riunioni di lavoro o al termine della giornata lavorativa.

Investi tempo in vista di grandi risultati

Nel 2020 i social media sono diventati un robusto strumento di marketing da prendersi molto seriamente. Se scegli uno dei tuoi attuali dipendenti per la gestione dei profili social del marchio, non aspettarti che la crescita online aumenti improvvisamente . Per immergerti completamente nel social media marketing devi investire almeno dalle dieci alle quindici ore a settimana nella creazione, pianificazione e programmazione dei post, nel calcolo dei risultati e nell'interazione con i clienti.

Consigliamo di assumere un social media manager a tempo pieno. In alternativa puoi assumere un'agenzia di social marketing locale, per dare il via al processo. Assicurati però che sia un'azienda che capisca gli obiettivi tuoi e del marchio e che parli la lingua del tuo pubblico.

Crea una politica dei social: i dipendenti come ambasciatori del marchio

Una politica esplicita sui social media applicabile a ogni dipendente metterà in evidenza gli obiettivi dell'azienda per quanto riguarda le menzioni sui social, e promuoverà la responsabilizzazione positiva dell'azienda in modo che il marchio abbia un'attività sociale più ampia.

Per creare la politica di cui hai bisogno, chiedi consiglio a rinomati nomi del tuo settore. Incoraggia le revisioni aziendali da parte dello staff e detta linee guida specifiche riguardo all'uso dei social durante o dopo l'orario di lavoro. La politica dev'essere breve – meno di due pagine, diciamo – e riassumere i punti più essenziali. Una politica breve sui social media incoraggerà i dipendenti a leggerla, ti proteggerà da problemi futuri e dimostrerà che l'uso responsabile delle piattaforme social può beneficiare l'azienda stessa come entità.

I dipendenti dovrebbero sentirsi a proprio agio con i protocolli di condivisione social per essere eccellenti ambasciatori del marchio, e così i post relativi all'azienda devono risultare facili da scrivere. Per esempio crea un hashtag che celebri la cultura del lavoro del marchio, e incoraggia lo staff a scattare foto e a postarle con l'hashtag. Il dipendente a capo della gestione dei social dovrebbe sapere tutto sulla politica.

L'investimento per il marketing dei social media: prova la promozione a pagamento

Anni fa il social media marketing venne visto come una generazionale corsa all'oro digitale, e le piattaforme social vennero utilizzate per comunicare con i clienti e promuovere prodotti gratuitamente. Ma oggigiorno, con l'aumento della concorrenza, con gli algoritmi che favoriscono i post a pagamento rispetto al contenuto organico e con un pubblico più sveglio, pagare per annunci mirati è vitale per raggiungere più clienti potenziali.

Questo non significa che non si possano ottenere buoni risultati senza investire denaro ma è più impegnativo, e anche una piccola somma – diciamo sui quindici dollari a settimana per i post di Facebook a pagamento – può determinare un miglioramento notevole nella strategia di social marketing.

Il segreto di molte campagne social riuscitissime è la familiarità, per il cliente, del contenuto promosso: simile alla voce del cliente, questa familiarità incrementa l'esperienza del cliente stesso. Proprio come i post gratuiti, punta a contenuti continui più che dirompenti.

Sperimenta l'analisi del ROI

Il ROI (Return Of Investment) dei social media è diverso da quello del marketing tradizionale. Per svariate ragioni, si raccomanda di non concentrarsi interamente sui ritorni monetari per un determinato periodo. Da' la priorità a metriche come il traffico del sito web, la promozione offline, la consapevolezza del marchio, la fidelizzazione dei clienti e la comunicazione con i clienti attuali.

Queste metriche si riveleranno preziosissime col tempo, portando alla fine a vendite per un periodo prolungato – tutto il contrario di una gratificazione istantanea che si prosciuga rapidamente.

Calcolo della performance del marchio con software di analisi

La capacità di calcolare la crescita della strategia è fondamentale per il successo del piano di marketing. Uno dei modi più economici di farlo è utilizzare Google Analytics. Questo strumento possiede due fra le più importanti caratteristiche amate dai marketer delle piattaforme di social media.

Clicca sulla pagina "Socials" del sito per controllare:

- **Referral di rete:** fornisce dati sulla quantità di traffico del sito web che sono referrals dalle vostre pagine di social media.
- **Landing Pages:** questa funzione mostra le pagine web più condivise sulle piattaforme di social media.

Google Analytics può anche creare e monitorare determinati obiettivi, come le vendite finalizzate, il coinvolgimento e le richieste. È possibile impostare obiettivi semplici come la destinazione dell'URL. Questo obiettivo sarà contrassegnato come completato quando un visitatore controllerà una pagina specifica sul tuo sito web, per esempio "Il tuo ordine è stato completato".

Altri efficienti software di analisi per la misurazione della crescita delle reti social sono:

- strumenti originari come Pinterest Analytics, Facebook Insights e Twitter Analytics;
- Social Searcher, per tracciare commenti e tag relativi al marchio e alla concorrenza;
- WebFX, per calcolare i tassi di click-through per link.

In sostanza, utilizza il software di analisi dei social media per creare obiettivi del marchio, monitorare dove la strategia di marketing funziona meglio e identificare i percorsi attraverso i quali i clienti trovano il marchio in modo da adeguare il tuo social media marketing.

Non è realistico pensare di ottenere il massimo da un progetto di social media marketing al primo tentativo, quindi calcola i progressi a intermittenza e non esitare a sperimentare nuovi concetti, abbandonare vecchie tattiche e ripetere invece quelle che funzionano.

In sostanza, usa gli strumenti di analisi per fissare obiettivi, vedere dove la strategia sta funzionando meglio e implementarla se e come necessario.

La grande importanza della pazienza nel social media marketing

È inverosimile aspettarsi un successo immediato sui profili social. Proprio come nel mondo reale, il rapporto tra marchio e clienti avrà bisogno di un po' di tempo per sbocciare, e alcuni individui del pubblico di riferimento impiegheranno più tempo per apprezzare il marchio e diventare clienti paganti.

In alcuni casi i criteri sprovvisti di successo immediato – fedeltà del cliente, aumento della consapevolezza del marchio ed eccellente servizio clienti – hanno il maggior impatto sulle conversioni nel lungo periodo.

Esistono molti esempi di aziende che hanno investito in pompa magna nel marketing social solo per fermarsi perché non hanno attirato diecimila follower su Twitter né hanno aumentato gli acquisti dopo le prime due settimane di pubblicazione di contenuti – scusa l'esagerazione, ma hai capito il concetto. Se non puoi permetterti di investire nel social media marketing per mesi o anni, è molto probabile che fallirai.

Nelle notizie correlate, assicurati di ignorare gli annunci "Ottieni seguaci velocemente". Pur allettanti, i servizi che fingono di farti guadagnare centinaia fra clienti e fan in un tempo minimo lavorano più che altro sui bot. Sono solo truffe, del tutto indifferenti al tuo business.

Cento seguaci interattivi e fedeli valgono più di cinquemila account falsi. Il vero "segreto" per costruire una base di fan sulle piattaforme social è lavorare costantemente.

Infine… divertiti: coltiva relazioni oneste e forti.

Più un cliente si identifica con l'azienda sulle piattaforme di social media, più è probabile che ti tenga a mente e promuova il marchio con amici, parenti e la comunità online. Si è detto più volte in questo capitolo che la chiave per il successo è dimostrarsi coerenti, accessibili e originali nei post e nelle interazioni, per costruire una comunicazione significativa con i clienti. Questa particolare strategia creerà inevitabilmente fedeltà al marchio, nonché acquisti e ambasciatori offline per la vita.

Capitolo 6: come creare contenuti di alta qualità

Nel capitolo precedente abbiamo parlato del punto di partenza del social media marketing; ora è il momento di passare ai fondamenti della promozione. Questo capitolo si concentrerà su una serie di tattiche di pubblicazione di contenuti volte all'aumento dell'approccio mediatico online. Si tratterà di progetti ideati per adattarsi a tutte le piattaforme social menzionate nel capitolo. Ogni capitolo dedicato a ogni singola piattaforma darà comunque consigli di marketing specifici, particolarmente efficaci proprio sulla specifica piattaforma.

Ecco le famose strategie di social media marketing.

Avvia discussioni e incoraggia le domande.

Permetti ai fan di relazionarsi con te e viceversa attraverso la creazione di forum di discussione e ponendo tu stesso delle domande. Domande che possono essere basate sul prodotto, su un evento legato al business, su brevi quiz o su un argomento più ampio.

Spesso il tipo di richieste che vedono un maggior coinvolgimento sono quelle semplici, che indicano:

- una preferenza ("Qual è il prodotto migliore: A o B?");

- sì/no ("Ti piace la musica di Drake?");

- basate su un'opinione ("Cosa ne pensi dell'iPhone 12?");

- domande che inducano congetture ("Questo mese lanciamo il nostro secondo negozio: indovinate un po' dov'è!").

Aggiungere semplicemente brevi domande al termine di un aggiornamento di stato come "cosa ne pensate?" o "siete d'accordo?" può suscitare coinvolgimento da parte del pubblico.

Esiste però un'altra piattaforma per i commenti che richiedono risposte serie – in particolare nei forum generali; ci metterai poco a identificare ciò che scatena maggiormente i clienti.

È possibile catturare l'attenzione del pubblico e guadagnarsi feedback da parte dei clienti con domande semplici, purché il post risulti allettante.

Gli studi dimostrano che porre domande alla fine di un aggiornamento di stato piuttosto che nel mezzo può incrementare il coinvolgimento del quindici per cento. Come i formati già menzionati, anche i post che seguono la tecnica del *fill in the blank* (ovvero che presentano un'opzione "a riempimento", dove scegliere tra svariate possibilità) possono suscitare coinvolgimento.

Queste strategie hanno successo perché richiedono una digitazione minima da parte del pubblico. Eccone un esempio: "Se per il 2021 dovessi scegliere un paese qualsiasi dove andare in vacanza, sarebbe________".

Vendi la storia del marchio e promuovi le storie dei clienti.

Ogni azienda ha una storia da vendere attraverso le parole o, preferibilmente, contenuti visivi. Gli esseri umani sono progettati per dare un'opinione su una storia scatenante. Utilizza i social come piattaforma dove il pubblico può identificarsi personalmente con il marchio invece che renderlo un mero luogo di controllo di prodotti e servizi offerti. Usali come piattaforma per manifestare la tua voce, la tua originalità e la tua personalità.

Esistono svariati argomenti coinvolgenti e provocatori di cui discutere, come per esempio cosa ti motiva, perché hai fondato l'azienda, le sfide e le lezioni che hai imparato, le questioni sociali che ti appassionano e i mentori che ti influenzano. Il punto consiste nell'introdurre i clienti nel tuo modello di pensiero e nei tuoi valori, e diventare così un business in cui i clienti sono impegnati emotivamente – cosa che garantisce fedeltà al marchio e successivamente vendite.

Oltre alle tue storie, i follower e il pubblico avranno grandi storie personali da raccontare sull'impatto che il tuo prodotto e i tuoi servizi hanno sulla loro vita quotidiana. Queste storie spesso creano un contenuto migliore di qualsiasi cosa tu possa ideare.

Quindi dovresti motivare i clienti a condividere video, testi e foto che dimostrino come il tuo servizio si adatta alla loro routine quotidiana. Puoi incorporarli nei tuoi contenuti. È una tecnica arcinota, che si chiama "contenuto generato dagli utenti".

L'aggiunta di contenuti generati dagli utenti alla strategia di social media renderà i clienti felici e li motiverà a condividere notizie sull'attività, ispirerà una comunità più sana verso il prodotto e sulle piattaforme social servirà da banco di prova dell'influenza positiva che la tua attività ha sui clienti.

Indaga sulle domande a cui rispondi, condividi le tue conoscenze e dimostra il tuo valore

Un modo efficace di convincere i follower a connettersi emotivamente e socialmente col marchio consiste nel promuovere il marchio stesso come competente. Un'entità fidata e rispettata può essere un'affidabile fonte di informazioni credibili ed esperienze emozionanti.

Un modo eccellente di raggiungere questo obiettivo è identificare i problemi di mercato che l'azienda può risolvere e dimostrare la tua competenza. Ma non significa mica cogliere ogni occasione buona per vantarti di aver risolto il "problema X". Dovresti invece servire da fonte di conoscenza nel tuo settore.

Per esempio, supponiamo che il marchio venda cuscini morbidi. In questo caso potresti pubblicare contenuti esplicativi sull'aiuto che il prodotto fornisce al sonno del cliente, condividere studi e fatti su dolori al collo e l'azione dei cuscini morbidi, sull'origine del dolore e altro. Inoltre potresti includere suggerimenti e informazioni che spieghino come mantenere la morbidezza e la longevità di un cuscino soffice.

Puoi anche aumentare la consapevolezza del marchio pubblicando contenuti affidabili in post singoli o come link a un articolo.

Usa notizie di tendenza, date popolari e concetti virali per creare contenuti

Se puoi usare gli articoli di tendenza negli aggiornamenti sui social (non solo per ottenere visualizzazioni e coinvolgimento, ma per aggiungere un punto di vista unico sull'argomento), puoi stimolare importanza e rispetto ai post che piaceranno ai fan. Dimostra ai fan di essere un marchio sempre aggiornato sugli eventi attuali all'interno del tuo settore (e se sei su Facebook, l'algoritmo del sito spinge le storie virali nel News Feed, il che susciterà più coinvolgimento).

È possibile utilizzare strumenti come Awario (https://awario.com/) e Talkwalker Alerts (https://www.talkwalker.com/alerts) per essere avvisati delle storie più recenti in via di svolgimento, o piattaforme come ContentStudio (https://contentstudio.io/) per tracciare i tweet virali e gli eventi relativi a qualsiasi settore. Aziende come Doritos impiegano questa tattica regolarmente.

Durante il Superbowl 2020, i fan erano impazienti di vedere Billy Ray Cyrus ballare nella performance dal vivo della hit virale *Old Town Road* con Lil Nas X. Doritos è stato in grado di segnare il più alto coinvolgimento su Twitter di qualsiasi altro marchio con un semplice tweet che diceva "Un milione di RT e @BillRayCyrus balla". Anche se non è stato raggiunto il milione di retweet, oltre centomila persone hanno interagito. Inoltre, durante il Superbowl 2014, la popolare catena di grandi magazzini J.C Penney ha deciso di twittare tutti gli avvenimenti dello show con errori di battitura intenzionali (strategia bizzarra, sì).

Doritos ha colto l'opportunità di saltare sul carro e si è rivolta alla pagina di JC Penny con le parole "Rallenta @jcpenney, fatti qualche #Doritos". Questo semplice tweet ha attirato più di cinquemila contatti.

La maggior parte dei contenuti virali su queste piattaforme può essere collegata a celebrazioni che si svolgono una volta all'anno. Festività come la Pasqua, il Natale, Halloween o eventi come i Grammy, gli Oscar e WWE WrestleMania sono fantastiche occasioni di grande ispirazione in termini di contenuti, come:

- fa' ai fan gli auguri di Natale;
- condividi quiz;
- poni domande a tema natalizio, del tipo "Come si chiamano gli elfi di Babbo Natale?";
- fornisci informazioni sull'aiuto che può offrire il tuo servizio in uno specifico periodo dell'anno.

Esistono poi altri eventi di settore cui i tuoi fan possono fare riferimento e che possono dimostrare la rilevanza del marchio, come la data di uscita di un film di successo, la giornata Get to Know Your Customers (Conosci il tuo cliente), lo Star Wars Day o il Pride Month. Spunta tutti i giorni rilevanti sul tuo calendario e-commerce, e programma contenuti futuri per celebrare queste giornate con i clienti.

Nell'implementazione delle strategie di cui sopra, usa un approccio appropriato e delicato. Evita l'appropriazione culturale o il dirottamento di eventi della cultura pop senza motivo (soprattutto se non sei in grado di collegarvi il tuo marchio), e soprattutto assicurati di non passare per opportunista.

La Coca-Cola ha imparato la lezione a sue spese (con i video virali di arrabbiati clienti ucraini e russi che versavano la bevanda nel gabinetto) quando hanno caricato un poster delle vacanze in Russia che non includeva la Crimea – zona che causa da molto tempo conflitti tra i due paesi.

Bilancia i contenuti di valore e i post promozionali (secondo la regola 80/20)

Le imprese per la maggior parte si dimostrano o professionalissime o molto poco professionali in relazione alla loro presenza sui social media. L'onere è tutto tuo: sta a te trovare ciò che funziona per te e il tuo target demografico. Anche se la maggior parte del contenuto di marketing online non dovrebbe essere troppo promozionale, alla fine l'obiettivo è vendere prodotti e servizi, e i clienti questo lo capiscono.

Se il rapporto del marchio con i clienti è eccellente e questi ultimi trovano i tuoi post di valore, il pubblico capirà il post occasionale che li incoraggia a provare un nuovo prodotto/servizio o uno sconto appena lanciato. A volte potrebbero anche apprezzare l'informazione. Puoi facilmente bilanciare la produzione social in un modo favorevole per i clienti con svariate tattiche, tra cui la **regola 80/20.**

La regola 80/20 dice che i marchi dovrebbero sforzarsi di pubblicare contenuti di valore su misura per il pubblico con l'unico obiettivo di suscitare coinvolgimento per l'ottanta per cento del tempo. Il restante venti per cento dei post dovrebbe essere riservato a contenuti promozionali. Inoltre, anche all'interno della finestra promozionale, è necessario tentare una vasta gamma di approcci che oscilli tra l'aggressivo e il sottile, a seconda della ricezione del pubblico.

Attenzione: quando si tratta di offerte e vendite, un solido approccio per mantenere alta l'attenzione dei clienti è quello di fornire promozioni specifiche aperte a un piccolo gruppo di seguaci particolarmente fedeli al marchio online. Per esempio potresti offrire il dieci per cento di sconto ai clienti che citano un codice promozionale pubblicato sulla tua bacheca

Facebook o la consegna gratuita per i primi dieci follower che ritwittano un tweet specifico.

Un'altra tattica è quella di dare ai fan l'accesso esclusivo a una linea di prodotti e servizi, inaugurata da una raffica di aggiornamenti di stato volti a creare consapevolezza; i clienti saranno entusiasti di far parte di un gruppo esclusivo. Questi messaggi di invito possono essere inviati direttamente sulle piattaforme social o attraverso un link che può incanalare i clienti al tuo sito, dove possiedi una maggiore flessibilità per vendere il marchio e i prodotti, raccogliere informazioni di contatto e dati sui visitatori e consegnare coupon ai clienti fortunati.

Capitolo 7: come creare contenuti visivi accattivanti

Dato che la maggior parte dei contenuti caricati da utenti social sono immagini, è ragionevole integrarli pesantemente nella strategia di social media marketing. Inoltre, per scopi commerciali, ci sono incredibili vantaggi nel creare post visivi di qualità.

Gli studi dimostrano che le immagini dei social sono più inclini a venire collegate a emozioni positive rispetto ai post di testo, e i marchi che promuovono l'attività tramite immagini ricevono più approvazioni di quelli descrittivi tramite testo. Se fatti bene, i post promozionali con immagini devono inserirsi perfettamente nella timeline del tuo pubblico. Ricorda: non è bene che il post sia troppo dirompente e mini l'equilibrio della timeline dei clienti.

Gli strumenti di design online (molti dei quali menzionati in questo libro) hanno la capacità di creare contenuti visivi interessanti in pochi minuti. Ci vuole così poco che probabilmente si possono creare decine di immagini al giorno. Presta però attenzione a non indulgere nell'abitudine di creare immagini appariscenti senza motivo o a svantaggio del messaggio principale da veicolare.

Quando identifichi quali tipi di post funzionano per te, replicali e vai alla grande. Ricorda che un grande testo descrittivo del punto di vendita unico che porti i fan a coinvolgersi e che crei spazio per la comunicazione tra te e il tuo pubblico (con un'immagine di accompagnamento, da solo, o in risposta alle menzioni) è altrettanto essenziale.

Assicurati che il tuo piano di social media marketing serva da guida per come e quando postare le immagini e che queste immagini promuovano il marchio mantenendo comunque lo standard dei servizi.

Come procurarsi le immagini da usare sulle piattaforme social

Scattare da soli le foto o creare immagini originali rimane il modo migliore di costruire contenuti visivi per i social. Ma il tempo e le finanze possono rendere la cosa impossibile per molti marchi. Per fortuna possono essere utilizzati svariati strumenti online per creare un'immagine e modificarne altre, e a prezzi economici – alcuni addirittura gratuitamente.

Quando si tratta di foto e altro materiale grafico, consigliamo di utilizzare queste fonti:

- le fonti gratuite per le immagini sono Pixabay, Unsplash e PikWizard;

- un'altra fonte che offre immagini a basso prezzo è Shutterstock;

- i migliori strumenti consigliati per la grafica sono Vectr e Pexels.

È importante saper scegliere buone immagini di repertorio. Cerca di evitare i cliché e opta piuttosto per scatti intimi ed emotivi. Indipendentemente dal fatto che un'immagine sia gratuita o a pagamento, controlla i termini e le condizioni d'uso. Può essere usata a scopi pubblicitari? C'è bisogno di un accreditamento?

Attenzione: ogni piattaforma social ha un'impostazione preferita per le immagini, ma il protocollo standard per il contenuto visivo sulla maggior parte delle piattaforme social è "più grande è, meglio è". Spesso le piattaforme regolano automaticamente le immagini alla dimensione accettabile: non perderanno la qualità originale nel ridimensionamento, ma potrebbero perderne nell'ingrandimento.

Per semplificarti la vita, usa le misure evidenziate qui sotto per tutti i contenuti visivi:

- 1280 x 720 per i paesaggi;
- 736 x 1102 per i ritratti;
- 900 x 900 per i quadrati.

Consigliamo inoltre di adattare ogni immagine ai requisiti SEO. Quando dai un nome a un'immagine, aggiungi le parole chiave ma separate da un trattino, alto o basso. Includi i tag alt (che descrivono il contenuto dell'immagine) quando l'immagine non si carica per qualsiasi motivo, o per aiutare chi ha problemi di vista.

Presta attenzione ai particolari

Uno degli elementi essenziali per il tuo branding è la coerenza. Se vuoi che i fan identifichino istintivamente i tuoi post visivi quando li vedono sul loro feed social, assicurati che possano riconoscere il marchio. Puoi incorporarlo nei tuoi contenuti in diversi modi, come con l'aggiunta di un logo (crea un modello per le dimensioni e la struttura del contenuto di marca), con username, un link al sito e l'implementazione di un filtro fotografico standard, una tavolozza di colori e font adeguati allo stile del tuo brand.

Filtri, colori e font usati avranno un'enorme influenza sul giudizio del pubblico di riferimento sul marchio. Quindi crea un modello di contenuto visivo con calma, e assicurati che questo manifesti il tipo di emozione che vuoi per ogni post – per esempio i post possono essere nostalgici, divertenti, luminosi o introspettivi.

Se vuoi essere più efficiente nel branding del contenuto e promuovere una sensazione di familiarità, puoi provare un modello per tipi specifici di materiale visivo come le promozioni dei prodotti, le realizzazioni del marchio e il contenuto informativo.

Studi di marketing mostrano che a una persona media servono fino a sette segni per riconoscere un lavoro, quindi concentrarsi su elementi chiave del marchio come colori, logo e struttura è importantissimo per un branding efficace. Se i contenuti visivi dei tuoi aggiornamenti social danno una sensazione di familiarità, gli utenti identificheranno inconsciamente i tuoi contenuti con il marchio.

Attenzione: generalmente si consiglia di tentare un approccio accorto al branding. La priorità è l'immagine, non il business. A volte non è necessario aggiungere filtri né testi. Questo vale soprattutto per i contenuti che commemorano occasioni storiche ed emotive, come la Festa del Papà, la Giornata internazionale delle donne, ecc. dove abbandonare il branding può funzionare per due motivi principali: marchiare l'immagine può denotare mancanza di rispetto e il pubblico può essere più incline a ripubblicare immagini originali di qualità senza logo – le "senza marchio" – in quanto personalizzabili. Questo tipo di contenuto viene percepito come più disinteressato, in quanto incentrato sul pubblico che sul marchio.

Anche se è possibile che il contenuto visivo venga rubato o accreditato a terzi, se l'immagine in questione riceve più condivisioni sulla piattaforma su cui hai originariamente pubblicato a causa dell'assenza di branding può voler anche dire che il contenuto raggiungerà un pubblico più ampio sotto forma di un link alla tua pagina Facebook.

Crea immagini potenti e facili da capire

Le immagini da usare sui social devono essere appariscenti, ispirare curiosità, trasmettere un messaggio interessante, stimolare emozioni interiori e divertire il pubblico. Che l'immagine mostri un'esperienza esclusiva del marchio o meno non ha importanza; ciò che conta è che susciti le emozioni che vuoi che il pubblico leghi al marchio. Un interessante studio di Buffer ha scoperto che le immagini facilmente spiegabili funzionano meglio di quelle che hanno bisogno di una descrizione esplicita. Se il contenuto visivo richiede una didascalia perché il pubblico capisca cosa c'è nell'immagine, non è efficace come dovrebbe.

Regala sconti e biglietti per eventi esclusivi

Tutti amano le cose gratis, e puoi usare le immagini per promuovere le offerte speciali del marchio in un formato intrigante. Che si tratti di un evento una tantum, di una promo annuale o di un mese di sconti ogni finesettimana (un altro modo intelligente per attirare l'attenzione sulle pagine social), massimizza l'impatto dell'immagine con un breve testo provvisto di link all'offerta (o a una pagina con informazioni aggiuntive). Aggiungi un limite di tempo per dare un senso di urgenza, includendo una CTA (call to action), che attirerà i clic.

A ogni prodotto futuro scontato, pubblicizza regolarmente la cosa sui profili social e assicurati di evidenziare la diversità del tuo marchio rispetto agli altri del settore. Nelle sezioni pertinenti, includi parole come "fino a esaurimento scorte", e "nuovo" nelle immagini per presentare il tuo marchio come rivoluzionario e catturare così l'interesse del pubblico.

Attenzione: puoi suscitare ulteriore coinvolgimento ideando un'immagine che informi i clienti di un accesso esclusivo a codici sconto, offerte speciali, ecc. Imposta un obiettivo raggiungibile in base ai clienti attuali e alla portata prevista, perché l'obiettivo è quello di premiare sul serio i clienti che vogliono i tuoi prodotti e servizi.

Pubblica immagini dei clienti e della loro esperienza con il tuo prodotto/servizio

L'ultima prova social per qualsiasi marchio di qualità sono i clienti che manifestano a terzi di aver adorato il tuo prodotto o servizio. Promuovere l'amore dei clienti per il marchio in un'immagine è un modo solido di convertire i visitatori in clienti paganti. I nuovi clienti assoceranno il marchio a vibrazioni positive. Ancora meglio se l'immagine utilizzata è stata presentata da un cliente vero.

Incoraggia il tuo pubblico a condividere l'esperienza fatta con il prodotto in tempo reale, per esempio in cabine fotografiche allestite sul terreno dell'azienda. Queste cabine possono avere uno sfondo interessante per aumentare l'estetica. In alternativa, possono scattare foto nella comodità di casa loro, con un incoraggiamento da parte tua del tipo "Taggaci nelle foto per mostrarci come ti trovi col tuo nuovo cuscino soffice ".

Ricorda costantemente ai follower di taggare il marchio nelle foto e negli aggiornamenti di stato menzionando la tua attività. In questo modo sarai avvisato dei loro post, e potrai condividere l'immagine sul tuo profilo menzionando il cliente, che così si sentirà speciale – e allora puoi scommetterci che mostrerà il tuo tweet o post a parenti e amici. Un hashtag è un buon modo per unificare questi post e monitorarli su diverse piattaforme social e ottenere più immagini generate dagli utenti, e magari includi anche un link al servizio da te fornito, se il pubblico non lo trova fastidioso.

Per convincere ulteriormente i clienti, tenta con un breve video del cliente, che può apparire come sovrapposizione di testo nell'immagine dell'utente soddisfatto, per promuovere sentimenti positivi riguardo all'attività e convertire i potenziali clienti in acquirenti.

Attenzione: un'altra strategia rapida per una campagna social è quella di mettere le foto dei tuoi clienti sulla pagina del prodotto come prova social per i visitatori. Puoi anche aggiungere istruzioni su come taggare i tuoi diversi profili social e inserire un plug-in per il sito web, che caricherà le immagini automaticamente sul sito.

Usa le infografiche per promuovere le caratteristiche del prodotto

I clienti che vedono e acquistano articoli online non hanno il lusso di controllare il prodotto o il servizio nel dettaglio come farebbero offline. Quindi, nell'ottica di una strategia di social media marketing, l'importanza delle immagini di qualità che includano dettagli rilevanti (o link di riferimento al venditore originale) non può essere sopravvalutata. Usa le annotazioni per evidenziare le caratteristiche magari meno chiare, come la clausola di garanzia, le opzioni di spedizione gratuita e una particolare tecnologia di cui avvale il servizio.

Se le dimensioni sono una parte significativa del marketing di un particolare prodotto, prova a confrontarle con quelle della concorrenza o con quelle di un normale articolo per la casa, in modo che i potenziali clienti possano apprezzare la differenza di dimensioni e l'aspetto pratico.

Le infografiche sono ottime per mostrare informazioni cruciali e metriche relative all'attività in modo appariscente e condivisibile. Di solito si basano sulla stagione corrente. Se non sei esperto di design grafico, puoi usare siti come Venngage e Infogram per progettare infografiche dall'aspetto fantastico tramite modelli predefiniti. Anche se funzionano bene su Pinterest e Twitter, evita di usare un'infografica completa su piattaforme che non possono accoglierla come Instagram e Facebook, perché rimpiccioliranno il testo e lo renderanno impossibile da vedere.

Scegli invece una parte quadrata dell'immagine (come la sezione superiore, dove si trova il titolo più interessante), copiala e usala insieme al link e a una CTA (Call To Action) per convincere le persone a cliccarci sopra per una visione completa dell'infografica.

Concentrati su citazioni d'ispirazione, motivanti e ambiziose

I principali tipi di post che suscitano maggiore coinvolgimento sulle piattaforme social sono le citazioni motivazionali, ambiziose o ispiratrici. I post di questa natura suscitano una risposta emotiva da parte dei visualizzatori, sono altamente condivisibili e dovrebbero essere adattati al modello di pensiero del tuo pubblico. Le immagini nostalgiche combinate a una semplice sovrapposizione di testo provocano reazioni perché colpiscono i ricordi infantili del cliente.

Puoi usare immagini storiche del quartiere del tuo target demografico o vecchie foto che ricordino la storia aziendale. Come sempre un'immagine divertente fa sempre la sua parte, poiché risolleva l'umore e può essere condivisa da tutti. Di seguito troverai alcune linee guida estese da utilizzare per creare un solido esempio per diversi tipi di immagini. Con un po' di coerenza, il pubblico collegherà gradualmente queste emozioni al tuo business.

Immagini motivazionali: usa elementi che promuovano positività e vibrazioni buone. Usa font in grassetto senza grazie, che catturano l'attenzione e si dimostrano autorevoli (usa le maiuscole per enfatizzare il punto). Massimizza l'impatto del testo con filtri chiari e luminosi. Il miglior tipo di copia ispiratrice si trova nei casi di studio, nelle recensioni e nelle storie del tuo marchio.

Immagini ambiziose: col termine "immagini ambiziose" non ci si riferisce strettamente a chi, all'interno del tuo pubblico, aspira a vita, finanze o possedimenti materiali migliori. L'ambizione può essere descritta come il desiderio di raggiungere qualcosa, e si applica al desiderio di ottenere di più in qualsiasi aspetto. Magari essere un cuoco migliore, diventare un programmatore più bravo o migliorare il proprio punteggio a Fortnite.

Al di sotto di queste ambizioni apparentemente superficiali sta una motivazione profonda: appartenere a una comunità, migliorare la qualità della propria vita, trovare un lavoro, ecc. Le aspirazioni definiscono l'identità delle persone. Quindi il contenuto ambizioso colpisce in profondità al di sotto della superficie. Cosa che allarga il bacino dei tuoi potenziali clienti dalle persone alla ricerca del tuo servizio a chiunque possa rapportarsi con i sentimenti ispirati dal tuo contenuto. Oltre a pubblicare contenuti che facciano da rappresentanti grafici di questi sentimenti, devi costruire una storia del marchio che risuoni con i tuoi prodotti e servizi. Una storia che ispiri il pubblico a raggiungere i propri obiettivi personali.

Immagini nostalgiche: scegli un'immagine alla moda, familiare e coinvolgente relativa alla tua organizzazione, che sia abbastanza vecchia – di tre anni fa, diciamo. I caratteri piccoli e scritti a mano sono malinconici e scatenano i ricordi. Allinea il filtro con il tema stagionale corrente, per esempio un contrasto alto e nobile per l'inverno. Collega le immagini a un hashtag famoso, come #TuesdayVibes, per suscitare maggiore coinvolgimento e più condivisioni.

Immagini divertenti: le immagini d'intrattenimento non devono necessariamente riguardare il marchio, ma dovrebbero essere progettate per attrarre i follower ed essere considerate di successo. Il carattere usato dovrebbe allinearsi al contesto del post, per esempio senza grazie per un umorismo secco e con grazie per battute leggere. Applica filtri caldi all'immagine. Dato che le immagini divertenti sono altamente condivisibili, ci si può aspettare che promuovano il marchio come un'entità personalizzabile.

Proprio come detto sopra, un'altra strategia che puoi implementare è quella di usare una statistica o una citazione come immagine potente per incoraggiare i lettori a visionare l'intero articolo. Puoi creare sovrapposizioni testo-grafica interessanti con strumenti come Photoshop, GIMP o Pixlr Editor, o attraverso software online come Pixelmator (https://www.pixelmator.com/) o Krita (https://krita.org/en/), o applicazioni come Snappa (https://snappa.com/) e Canva (http://www.canva.com).

Fai da fonte di conoscenza e informazione

Fornire consigli e informazioni generali al pubblico è un modo intelligente di dimostrare il proprio valore, aumentare il coinvolgimento sui contenuti e garantirsi la fedeltà dei clienti. Puoi dare il via a questo approccio pubblicando guide passo per passo su come comporre un collage di foto o utilizzare una singola foto suddivisa in diverse cornici (un po' come i siti web Fotor (www.fotor.com) e Luminar, che forniscono strumenti per la creazione di album fotografici, e software mobili come Moldiv e PicsArt, che possono creare un effetto simile su qualsiasi dispositivo). Per esempio Ohh Deer promuove il suo spray anti-zanzare cambiando costantemente la tavolozza di colori con un'immagine centrale divisa in cinque. Queste immagini contengono sottili allusioni e didascalie che illustrano adeguatamente l'idea alla base.

Mostra la fase di sviluppo

Puoi aumentare il modo in cui i clienti si relazionano al marchio manifestando il tuo lato umano. Lascia che il pubblico si senta parte di una comunità speciale attraverso piccole anteprime (ovvero "sbriciatine") su come sta andando una giornata tipica del tuo marchio. Usa le immagini per documentare i retroscena, o i teaser per mostrare ogni passo del processo in fase di esecuzione – in modo che il pubblico possa seguirti.

La popolare podcaster Madalyn Skylar una volta ha postato il tatuaggio di un elefante che ha sul braccio sinistro come segno di consapevolezza per gli elefanti uccisi in Africa ogni giorno dai bracconieri. Questo contenuto dà un'idea delle cause che sostiene al di fuori del suo marchio. Altri esempi possono includere la foto del picnic di gruppo per i dipendenti o dei dipendenti che fanno volontariato nei rifugi.

Metti in mostra le tue iniziative di beneficenza e sperimenta il marketing orientato allo scopo

Indipendentemente dalle dimensioni dell'azienda, implementare il marketing di beneficenza è un modo solido per distinguere il marchio dal gruppo e coltivare relazioni genuine con il pubblico. Un buon esempio è la campagna di beneficenza Unicef 27 bus, che ha attirato l'attenzione sui ventisette milioni di bambini non istruiti guidando ventisette scuolabus vuoti in giro per Manhattan.

L'iniziativa ha suscitano molto le attenzioni dell'Assemblea generale delle Nazioni Unite, dove ci si è rivolti alla situazione dei bambini nelle zone devastate dalla guerra. Il marketing orientato allo scopo è simile a questo approccio, ma si concentra sull'uso delle piattaforme social per affrontare questioni politiche e sociali. Aziende come Netflix, Reebok e Ben and Jerry's (che ha creato un nuovo gusto di gelato e opuscoli di sensibilizzazione) hanno preso posizione sui social contro la brutalità della polizia.

Non si tratta solo di saltare sul carro di un argomento virale – in questo contesto, non è questo il significato della "presa di posizione". Dovresti solo aggiungere un paio di centesimi a una causa in cui il tuo marchio crede, una causa che corrisponde ai valori di lunga data del prodotto o del servizio.

Non spingere a forza il marchio nella discussione, onde evitare immensi contraccolpi per l'azienda.

Dopo aver manifestato il lato caritatevole del marchio, è vitale comunicare che sei veramente a favore della causa e assicurarti che le tue azioni lo dimostrino. Sii coerente in ogni causa in cui sei coinvolto.

Prima di prendere posizione, immagina il futuro della tua azienda e rifletti su come il sostegno che mostri influirà positivamente sul marchio e sulla tua crescita tra un decennio o due. Ricorda inoltre che non è necessario prendere posizione su temi politici e sociali. I grandi marchi rimangono neutrali, e concentrano invece gli sforzi per aiutare le vittime con pacchetti di soccorso. Anche tu puoi adottare questo approccio.

Usa memi popolari per rendere noto al pubblico il marchio

I memi oggigiorno sono popolarissimi. Queste immagini umoristiche sono facili da condividere, e costituiscono un pilastro universale su tutte le piattaforme social. Se non sai cosa sono (probabilmente ne hai visti senza riconoscerli), visita un sito web come Giphy per trovare quelli perfetti per il tuo profilo social. Puoi anche crearne di tuoi: è molto più facile di quanto pensi.

Diversi elementi rendono i memi tanto interessanti. Sono spiritosi, relazionabili e molto divertenti. Siti web come Imgur e Memegenerator sono ottimi per raccoglierne di popolari, e puoi trovarne di tendenza su piattaforme come Reddit e 9Gag. Puoi inserire i memi nella tua strategia di marketing, ma assicurati che si applichino al prodotto. Non ha senso usare un meme divertente (per quanto buffo) se totalmente privo di correlazione col marchio. Ogni meme che usi dovrebbe fare appello ai tuoi clienti target nella maniera in cui ti capiscono meglio.

Di solito le immagini umoristiche hanno un buon trend sulle piattaforme social, come ogni contenuto che suscita una reazione emotiva positiva. Le sezioni "hilarious", "Pics" e "Oops" dei subreddits di Reddit (r/hilarious), (r/pics), (r/oops) sono una ricca fonte di contenuti. Se possiedi immagini originali, ancora meglio. Anche se i memi hanno una portata globale, è cruciale non fare affidamento solo sulle immagini virali per il tuo contenuto di social marketing.

Nonostante i tassi di coinvolgimento potenzialmente portati dai memi, di solito non vengono considerati "contenuti di alta qualità" su piattaforme come Facebook, poiché attirano il coinvolgimento da ogni dove. Un sovraccarico di memi sulla pagina può influenzare la tua reputazione e può offrire più svantaggi che vantaggi. Tuttavia, usati a intermittenza, i memi possono portare una ventata di aria fresca al pubblico.

Utilizza le tendenze attuali della cultura pop

Proprio come la reputazione di un meme sale e scende, lo stesso vale per le tendenze grafiche della vita reale. Alcune sono un pilastro, come i selfie e i photobombing , mentre altre come "schleep" e "YOLO" non sono più così popolari. Eppure queste mode possono costituire un ingranaggio della tua ruota di marketing in vista di un aumento di coinvolgimento, che si tratti di immagini scattate da te o di foto inviate dal pubblico. Un buon esempio è Disney World, che spinge attivamente i visitatori a documentare il loro viaggio nel parco e sulle giostre e a taggare Disney per un'ulteriore esposizione sui social media.

Usa Scribd per le presentazioni

Scribd ha più di ottanta milioni di utenti ed è considerato uno dei più grandi hub per i modelli di PowerPoint. È spesso indicato come il Netflix di PowerPoint. La piattaforma fornisce modelli per qualsiasi argomento. Molti dei popolari slideshow hanno scopi commerciali, il che rende la piattaforma vitale per le organizzazioni B2B.

La struttura della piattaforma rende la procedura di inserimento facile, e si possono eseguire campagne per generare lead di qualità (la versione a pagamento permette anche di inserire moduli di contatto all'interno della presentazione).

La maggior parte delle presentazioni di successo di Scribd è ottimizzata a seconda dell'argomento. Converti le singole parti di una copia scritta (discorsi, eBook e post di blog) in un contenuto visivo di prim'ordine, con grafica e immagini accattivanti, tavolozza di colori e font invariabili e con testo minimo su ogni diapositiva. A volte si può anche avere mezza frase per pagina!

Puoi controllare uno qualsiasi dei cento milioni di documenti di Scribd, e dato che SlideShare si è recentemente unito alla comunità puoi controllare funzioni come Popular ed Explore per identificare gli stili che vuoi imitare, e puoi creare, salvare e caricare contenuti attraverso software come ZohoShow e PowerPoint, strumenti online come Slidebean o app come Canva.

Dopo aver pubblicato il contenuto, la presentazione può essere condivisa su quasi tutte le piattaforme social e pubblicata nelle pagine web.

Utilizza formati alternativi

È impossibile ignorare altri tipi di immagine, come gli screenshot e i balloon. Le nuvolette con testi sono un modo innovativo di presentare i contenuti sui social, che si tratti di un articolo, commenti pubblici su un aggiornamento di stato o trascrizioni di un video. Piattaforme come MonkeyLearn richiedono agli utenti semplicemente di incollare un testo che genererà automaticamente un balloon personalizzabile. Qualsiasi parola che appare ripetutamente nel testo sarà messa in evidenza nell'immagine risultante.

Se vuoi incanalare il pubblico social verso una particolare pagina del tuo sito web o mostrare i passi specifici per l'acquisto di un prodotto, gli screenshot sono un modo efficace di raggiungere l'obiettivo. Non spiegare il come: mostraglielo e basta. Creare screenshot è un compito semplice che puoi eseguire sul portatile con Paint o con uno strumento online come Snipboard.io (se vuoi aggiungere annotazioni e testo prima del caricamento).

Se vuoi aggiungere un po' di pepe agli screenshot, uno strumento come Desygner permette agli utenti di inserirli in immagini di repertorio scattate in scenari di vita reale. Se non riesci a trovare un'immagine appropriata, gli screenshot possono rivelarsi utili. Elenchi ordinati, citazioni a blocchi accattivanti e paragrafi brevi funzionano meglio.

Le infografiche non devono per forza dare completezza totale. Puoi condividere un frammento di dati curiosi in forma grafica con una semplice sovrapposizione di testo. Buoni esempi sono il numero di giorni per fare a maglia un soffice set di cuscini, la donazione che hai fatto ai rifugi di volontariato nel corso degli anni e quanti cupcake consuma la tua squadra in una settimana!

GIF animate: ne vale sicuramente la pena

Anche se le GIF animate sono popolari da anni, di recente c'è stata un'impennata di utilizzo a causa della maggiore velocità di internet e di strumenti di creazione più robusti. Le GIF animate sono applicabili a tutte le principali piattaforme sociali, e forniscono ai marchi un percorso affidabile per manifestare un lato divertente del loro contenuto.

Puoi usare le GIF per:

- spiegare un tutorial complicato;
- ricordare un momento divertente del passato, una campagna promozionale, etc.;
- mostrare i retroscena aziendali;
- illustrare i vantaggi di un prodotto o servizio;
- reagire al commento di un cliente;
- manifestare sorpresa;
- fare annunci e altro.

Se vuoi accedere a un robusto archivio di GIF, controlla GifCities. Se vuoi creare GIF personalizzate, ti possono essere utili software come Giphy o uno strumento web come Pixteller. E i marchi che vogliono creare GIF animate in loop possono provare LunaPic.

Strategie per contenuti video

I contenuti in streaming dal vivo e i video preregistrati sono un aspetto significativo del social media marketing; le strategie menzionate sopra possono essere convertite in formato video per diverse piattaforme social. Nei capitoli successivi verranno illustrati consigli specifici su come massimizzare l'influenza dei contenuti video per ogni piattaforma social. Prima abbiamo rivolto l'attenzione al raggiungimento dello status virale con di un singolo video. Ma sul lungo periodo la viralità non ha più lo stesso peso per il tuo business.

Spostare l'attenzione su video brevi, divertenti, originali e validi è una strategia migliore che inseguire il post virale. Dato che il tempo di attenzione dell'utente medio è ridotto, i video brevi ti permettono di illustrare i tuoi punti forti velocemente, senza il fastidio di dover creare contenuti approfonditi.

Crea video accattivanti

I video dovrebbero essere progettati per fornire valore e raccontare una storia anche se lo spettatore non guarda l'intera clip. Utilizza gli strumenti fatti su misura per dispositivi mobili per creare contenuti organici che facciano appello alla tua base di fan. Di questi tempi, anche se la durata dell'attenzione dell'utente medio è molto breve, le persone passano più tempo sui telefoni. Il tuo compito consiste nel creare nuove strade per ritrarre storie coinvolgenti e stimolanti in un tempo minimo. Puoi rendere il contenuto video più attraente semplificandone il formato per i dispositivi mobili, come quello verticale.

È meglio adattare il contenuto video ai dispositivi mobili, perché così risparmierai tempo e denaro nell'editing. Piattaforme come Encoding e Lumen5 ti permettono di creare diversi formati di un unico video in una volta sola. Nella pubblicazione di video "fai da te", consigliamo di utilizzare video in modalità verticale. Se vuoi trasmettere un video con un ospite o mostrare un oggetto, scegli la modalità paesaggio. Se desideri mantenere una certa semplicità, tieni conto che i video dal formato quadrato si rivelano più efficaci per qualsiasi tipo di contenuto.

Che influenza hanno i video verticali sui social?

L'opinione che circondava in passato il video verticale era per lo più negativa; la maggior parte degli esperti del settore preferiva quelli orizzontali per i contenuti video. La logica era che la nostra visione naturale è in modalità "paesaggio".

Tuttavia l'evoluzione dei contenuti video sui social media ha dimostrato che è tempo di riconsiderare questo approccio; i video verticali sui cellulari presentano lo storytelling in un formato che si connette profondamente con qualsiasi pubblico e che ora serve da modalità predefinita per la maggior parte dei marketer dei social media. Per esempio, la modalità predefinita di Instagram Stories è verticale.

La caratteristica unica che rende i video verticali ampiamente accettati è la sensazione di originalità che promuove, anche per i contenuti di marca. La facilità di accesso e di visualizzazione è impareggiabile, dato che gli spettatori non devono ruotare lo schermo — si allineano secondo l'angolazione a cui il novantanove per cento delle persone tiene lo smartphone.

Poiché i contenuti verticali sono esclusivi per i telefoni cellulari e poiché anche la maggior parte dei contenuti video verticali viene girata su smartphone, l'aspettativa del pubblico è significativamente diversa rispetto a quella riservata a contenuti da visualizzare su portatile o piattaforme che adottano video *long-form*, come YouTube. Quando è verticale, il contenuto non ha bisogno di "lucidature" – la maggior parte del contenuto molto editato sembra generico al pubblico.

E ora cinque consigli che possono aiutarti ad aumentare l'impatto del tuo video verticale.

Contenuto: comprendi il tuo pubblico e il tipo di contenuto che ama. Il video verticale è ottimo per filmare oggetti animati verticali come gli esseri umani.

Relazione: indica dove il tuo pubblico potrebbe incontrare il tuo contenuto. Sarà nella comodità di casa propria (dove si preferiscono i video orizzontali) o sull'autobus (perfetto per la visualizzazione verticale)?

Durata: come l'ultimo punto menzionato, i video verticali sono noti per essere ovunque. Il tuo pubblico probabilmente non avrà il lusso di concedersi clip lunghe: sii breve, conciso, diretto e riporta la battuta finale fin dall'inizio. Un contenuto dall'impatto immediato nei primi secondi fa un'impressione migliore.

Controlla la narrazione: con il video verticale hai tutto il potere di guidare l'attenzione dello spettatore. I video orizzontali generalmente inducono lo sguardo a spostarsi da sinistra a destra, mentre i verticali non hanno un cambio di angolazione – dipende tutto da te.

Adatta il contenuto alla visualizzazione da desktop: per quanto ci si rivolga agli spettatori mobili, non dimenticare il pubblico che usa il computer. Riproponi i video verticali in un formato quadrato, utilizzabile sulla maggior parte delle piattaforme social.

Aggiungi all'arsenale strumenti di trasmissione in diretta

Strumenti come Instagram Live hanno reso facile proporre streaming dal vivo al pubblico per farsi così strada nella sua coscienza. I marchi e le imprese hanno il lusso di aggiungere le dirette a completamento delle strategie di marketing social evidenziate sopra attraverso la storia del marchio, la promozione a pagamento, le dimostrazioni dei prodotti, ecc.

Queste strategie possono essere combinate per raggiungere un pubblico più ampio e connettersi con i fan a un livello più profondo. Più avanti nel libro, discuteremo svariati aspetti propri degli strumenti di trasmissione dal vivo; tuttavia, se già trovi la cosa interessante, le basi per aiutarti a connetterti con i fan e suscitare il loro interesse vengono menzionate già qui sotto.

Anche se le dirette sono inedite e grezze, ciò non significa che debbano essere caotiche. Richiedono sempre un tono regolare, una produzione di qualità e una struttura che includa:

una connessione di qualità: nulla infastidisce di più gli spettatori di una connessione scadente, con interruzioni e disconnessioni costanti. È essenziale connettersi a una solida rete 4G o Wi-Fi. Se prevedi problemi di rete, informane il pubblico all'inizio della trasmissione in modo che possa gestire le sue aspettative;

set e sfondo ottimi: se lo streaming viene girato dall'ufficio o da casa tua, fai un video di prova per verificarne l'ambientazione dal punto di vista del pubblico. Assicurati che il pubblico veda un ambiente ben illuminato con uno sfondo professionale (evita cucine, garage, ecc.). Devi porti in maniera professionale. Certo, non si può sempre avere un'ambientazione perfetta, ma cerca di girare in buone location;

una fotocamera immobile: non è sempre possibile perché potresti non essere in grado di tenerla ferma, specialmente se stai offrendo al pubblico il tour di un luogo. Ma per le dirette in cui filmi te stesso, dovrebbero bastare un bastone per selfie o un cavalletto;

un'uscita audio di qualità: un feedback audio scadente o un rumore di fondo possono infastidire il pubblico durante gli streaming dal vivo. Se non puoi trasmettere in un posto tranquillo e non puoi fare affidamento sul microfono dello smartphone, prendi in considerazione l'acquisto di un microfono a clip per eliminare la scarsa qualità. Alcuni microfoni hanno anche una copertura soffice che blocca il rumore del vento.

Nell'implementazione dello streaming dal vivo tra le strategie di contenuto, è fondamentale considerare il fatto che gli utenti probabilmente guarderanno un replay (è quasi impossibile che tutti i fan si sintonizzino sulla trasmissione nel momento stesso della diretta). Pensa a loro e assicurati che sullo schermo ci sia un'azione visibile che ne catturi l'attenzione. I primi quarantacinque secondi dello streaming sono cruciali per il successo della trasmissione.

Inizia lo streaming con una presentazione adatta al pubblico dal vivo e ai fan che seguono il replay, ed evidenzia ciò che il pubblico può aspettarsi dalla sessione di streaming. Conserva l'attenzione del pubblico ponendo domande semplici come "Da quale paese ci segui?". Questo approccio funziona a meraviglia su una piattaforma come Facebook, dove l'algoritmo promuove la trasmissione a un pubblico più ampio a seconda del numero di commenti suscitato dalla stessa.

Procedi fornendo approfondimenti e contenuti fattibili al pubblico, ma accertati di chiedere opinioni sulle informazioni illustrate. Se la risposta è positiva, incoraggia i fan a scrivere le loro domande e invita gli altri a unirsi allo stream.

Alla fine della trasmissione, evidenzia i punti più coattivi e lancia un teaser sull'argomento per la diretta futura. Da' al pubblico una data e un'ora da aspettare per l'accesso anticipato agli stream successivi.

Capitolo 8: come creare una strategia per contenuti coinvolgenti sui social

Crea concorsi e sfide sui social

I concorsi e le sfide – di qualsiasi tipo – sono una strategia sicura implementata da molte aziende per aumentare il seguito sui social media e la consapevolezza del marchio per potenziali clienti, attirare l'attenzione su un nuovo servizio, guadagnare fedeltà al marchio e costruire una comunità intorno allo stesso. L'obiettivo del concorso (qualsiasi concorso sia) consiste nel coinvolgere potenziali clienti che rimarranno fedeli all'azienda al termine del periodo promozionale, per trasformarli così in clienti fedeli e paganti.

Per raggiungere l'obiettivo, offri un regalo rivolto al tuo target demografico (un lotto di cupcake se gestisci un panificio, una sessione di manicure/pedicure se gestisci un salone di bellezza, buoni esclusivi, ecc.) Premi generici come iPhone o carte regalo attireranno solo fan volubili in realtà poco interessati al prodotto, che difficilmente sul lungo periodo diventeranno clienti paganti.

Per allontanare i fan di basso valore, estendi la durata del concorso per scoraggiare i partecipanti a caccia di una vincita veloce. Due settimane o un mese dovrebbe essere il periodo standard. Progetta il processo di registrazione in modo che solo i veri clienti lo tentino.

Puoi rendere il concorso un successo fornendo anche link che i clienti possano condividere su altre piattaforme, sponsorizzando un omaggio congiunto con un'azienda simile per un pubblico trasversale e sperimentando annunci a pagamento per aumentare il coinvolgimento nelle fasi iniziali.

Collabora con influencer

Una tendenza comune dei social dell'ultimo decennio è stata l'influencer marketing. L'influencer marketing è una strategia che vede la collaborazione con personalità social dall'enorme numero di follower che si dimostrano interessate ad aiutarti a promuovere il tuo prodotto e i tuoi servizi.

È fondamentale che l'influencer ami genuinamente il servizio che fornisci (o almeno che sia incline a provarlo) e che voglia promuovere il prodotto o il servizio ai suoi follower – di solito una base di fan che costituisce il tuo target demografico. Promuovendo il tuo prodotto, l'influencer fa da timbro di approvazione per i suoi fan e dà al tuo marchio una maggiore esposizione e consapevolezza – rapporti che sbocciano gradualmente.

È comunissimo per i marchi avvicinarsi a popolari influencer con migliaia o milioni di follower per promuovere il prodotto, ma spesso si parla di compensi impegnativi. I micro-influencer, tuttavia, costano poco. Puoi ottenere la loro attenzione twittando, lasciando un commento sui loro post o inviando una comunicazione commerciale per posta. Alla ricezione di svariate notifiche dal marchio, potrebbero essere disposti a discutere di affari.

In alternativa, puoi pagare i servizi degli influencer offrendo prodotti gratis. Se il prodotto corrisponde alle loro esigenze, potrebbero mostrarsi disponibili a scrivere una recensione pubblica o a condividere video/foto in cui loro stessi utilizzano il prodotto o il servizio.

Attenzione: per impostare una campagna di successo, sii esigente sulle persone con cui collaborare. Invia offerte solo agli influencer che già hanno patrocinato un marchio alla base di fan con credibilità e successo. Se il tuo business è nuovo, ti consigliamo di collaborare con influencer di basso livello, che possono dimostrarsi più inclini a venirti incontro – per esempio con una base di fan della stessa tua zona invece di una personalità social internazionale con milioni di follower.

Aumenta visibilità e portata con gli hashtag

Le piattaforme social usano gli hashtag per raggruppare contenuti simili, e implementare questi strumenti nel tuo marketing può aggiungere contesto al contenuto. Aggiungere "#" all'inizio di una parola la rende immediatamente un link, tramite il quale potenziali clienti e fan potranno visualizzare con semplicità tutti i tuoi contenuti. Cliccando su un hashtag si viene reindirizzati a tutti i post con lo stesso hashtag. Molte aziende lo usano perché è una strategia "alla moda", ma usarli senza alcun obiettivo in mente può ridurre l'effetto del contenuto o addirittura scoraggiare le persone a lasciarsi coinvolgere dal marchio.

Come marchio, la tua strategia di hashtag dovrebbe rientrare in tre categorie: campagna, comunità o marchio. Le ultime due categorie sono pensate a lungo termine, mentre gli hashtag di campagna funzionano meglio per un effetto immediato.

Hashtag del marchio

Questi hashtag sono esclusivi del marchio; potrebbe essere il nome stesso (#JoeBuddenPodcast), uno slogan comune (#NationalFriedChickenDay di KFC) o il nome di un prodotto (#Vans o #Jordans). Far sì che il pubblico si senta coinvolto dall'hashtag è fondamentale per promuovere la tua presenza online, specialmente su una piattaforma come Instagram.

Quando i tuoi follower usano il tuo hashtag, dimostrano di voler essere associati al tuo prodotto o al tuo servizio e di voler condividere la loro esperienza con la loro rete. Ancora meglio è quando il pubblico pubblica contenuti visivi insieme all'hashtag. Puoi usare i post sotto un particolare hashtag per curare i contenuti generati dagli utenti ogni volta che ne hai bisogno.

Hashtag della comunità

Questi tipi di hashtag permettono alle aziende di connettersi con il pubblico che ha la loro stessa opinione su un argomento specifico, solo che a differenza degli hashtag precedenti non hanno bisogno di riferirsi direttamente al marchio. Gli hashtag della comunità di solito si concentrano su temi sociali.

Per esempio, la Jeep si è impegnata a donare un dollaro ai parenti dei soldati per ogni hashtag #jeepsummer con una foto del veicolo. Puoi implementare questa strategia per manifestare la tua opinione o il tuo sentire su un argomento relativo al tuo business, per esempio "#WinTheDay o #ThriftNY".

Hashtag della campagna

Questi hashtag non durano più di qualche settimana perché sono strettamente associati a singole campagne, come un omaggio o il lancio di un prodotto. Le aziende quindi li promuovono per generare attività durante la durata del concorso o del lancio del prodotto. Una volta terminato il concorso, i marchi in genere abbandonano l'hashtag. Per esempio la Coca-Cola ha lanciato l'hashtag #ShareACoke, dove le persone potevano ordinare bottiglie personalizzate della bevanda con il loro nome sulla bottiglia. L'azienda ha anche creato un sito web a tal fine, e la campagna è diventata così grande che è ancora in corso oggi.

Le migliori strategie per la promozione degli hashtag

Le strategie di hashtag per ciascuna delle principali piattaforme social saranno discusse nei capitoli successivi, ma i suggerimenti illustrati di seguito ti aiuteranno a gestire una campagna di hashtag efficace.

Conosci i tuoi obiettivi di hashtag: ti aiuterà a concentrare gli sforzi nella giusta direzione creativa per integrare gli hashtag nel tuo social media marketing. Gli obiettivi possono creare consapevolezza per un prodotto, incrementare le iscrizioni ai concorsi o attrarre contenuti generati dagli utenti.

Fa' i compiti: fa' ricerche, identifica gli hashtag popolari tra il pubblico quando parla della tua attività e adottali. Devi assicurarti che non siano in uso da un altro marchio. Siti web come RiteTag (https://ritetag.com/) sono ottimi per creare e valutare gli hashtag.

Semplice è sempre meglio: gli hashtag devono essere facili da scrivere e ricordare. Assicurati che siano tanto facili da rendere impossibile una digitazione sbagliata.

Più breve è, meglio è: mai usare hashtag simili a #CupcakeTuesdaysAreAwesome – inutilmente lunghissimo. Prova invece qualcosa come #CupcakeTuesdays. Evita di scriverlo #cupcaketuesdays. Le maiuscole contano!

Spiega il PERCHÉ: spiega al pubblico come e perché deve aggiungere l'hashtag ai post. Sii paziente. È probabile che l'hashtag nei primi giorni non prenda piede, soprattutto se è uno slogan o unilaterale. Gli hashtag funzionali sono inclusivi, facilmente visualizzabili e condivisibili. Se un hashtag non si adatta bene a un post, il pubblico probabilmente lo ignorerà.

Dai valore all'hashtag: l'hashtag è ideato per suscitare interesse e incuriosire il pubblico in merito alla conversazione che lo vede coinvolto. Il tuo dovrebbe essere utile ai clienti e al marchio. Dimostra apprezzamento agli utenti che lo usano con un commento o un like.

Metti a punto la strategia in base ai risultati: misura i risultati e modifica di conseguenza la campagna per rimanere concentrato e raggiungere gli obiettivi da te prefissati per la tua strategia di hashtag. Un modello popolare tra gli utenti social è l'uso di hashtag "emotivi" del tipo "Le giostre a Disney World erano fantastiche! #fun #BestParkEver".

Indipendentemente dalla lingua di un hashtag, puoi ottenere una visione reale della percezione che ha il pubblico del tuo marchio. All Hashtag è un ottimo strumento per controllare i tweet in tendenza per qualsiasi hashtag, generare hashtag per più piattaforme social e condurre analisi sugli stessi.

Usa un manuale di stile per il social media marketing

Tema comune di questo libro è il fatto che la maggior parte dei profili social di successo sono rimasti coerenti alla loro strategia. La coerenza dovrebbe giungere al punto da rendere immediatamente riconoscibile ai fan il tuo contenuto. Per promuovere una sensazione di regolarità e familiarità con i fan, molto probabilmente avrai bisogno di un manuale di stile per il tuo social media marketing.

È cruciale averne uno. Un manuale di stile fornisce uno schema chiaro e determina il posizionamento online del tuo business. Idealmente, dovrebbe influenzare e integrarsi nelle linee guida del marchio. Anche se per questi manuali non esiste una struttura stabilita, alcuni elementi si applicano a ogni marchio.

Personalità del marchio: come si presenta il marchio nel marketing? Ci sono differenze di tono a seconda delle diverse situazioni? La personalità del marchio è diretta, spiritosa o un mix di entrambe?

Struttura grammaticale: è ovvio che l'ortografia dei post va corretta. Ma come sono la struttura grammaticale e la combinazione delle frasi? Usi gerghi? Ci vai pesante con le emoji? Preferisci frasi brevi o lunghe?

Modello di contenuto: la formattazione è vitale per i marchi con più account social su diverse piattaforme. Sei coerente nella formattazione su tutte le piattaforme? Il tuo modello dipende dalla piattaforma e dal tipo di contenuto?

Contenuto visivo: scegliere il look giusto per il marchio è di estrema importanza. Devi decidere come rendere accessibili le GIF video e le immagini. Senza dimenticare informazioni su modelli, font, tavolozze di colori e i diversi formati di contenuto per ogni piattaforma.

Uso degli hashtag: gli hashtag sono cruciali per suscitare coinvolgimento, ma il loro uso e la loro frequenza d'uso saranno diversi a seconda della piattaforma social e del tuo tipo di business.

Messaggi di tendenza: è importantissimo essere consapevoli della percezione del pubblico, specialmente se si pubblicano contenuti dopo una notizia dell'ultim'ora. Mai mostrarsi sordi o indifferenti. Sii sempre consapevole delle notizie che riguardano il pubblico alla pubblicazione di contenuti. Se necessario, rimanda il contenuto che hai programmato e inizia con qualcosa di edificante quando un grosso (e sgradevole) evento si verifica.

Sta a te incorporare ognuno di questi elementi nel tuo manuale di stile, ma ricorda che si tratta di un documento che può contribuire immensamente alla crescita del marchio.

1

IL TUO REGALO

Vorremmo farti un regalo per ringraziarti di aver acquistato questo libro.
Puoi scegliere tra uno qualsiasi degli altri nostri titoli pubblicati.

Puoi avere accesso immediato a uno dei nostri libri cliccando il link qui sotto
e iscrivendoti alla nostra mailing list:

https://campsite.bio/digitalmarketing

Marketing Strategy
- MailChimp
- HubSpot
- Intercom
- Ads
- E